작은 소리로
아들을 위대하게
키우는 법

KB043756

✦ 일러두기
이 책은 2007년 출간된 『작은 소리로 아들을 위대하게 키우는 법』의 개정증보판입니다.

화내지 않고 우아하게 혼내는 훈육 기술

작은 소리로
아들을 위대하게
키우는 법

마쓰나가 노부후미 지음 | 이수경 옮김

21세기북스

김붕년
서울대병원 소아청소년정신과 교수

출판사로부터 추천사를 써달라는 부탁을 받았다. 이 책 『작은 소리로 아들을 위대하게 키우는 법』을 보고, 그렇고 그런 뻔한 소리의 나열뿐인 일본계 실용서적일 것이라고 생각하여 거절할 마음을 가졌다. 하지만 천천히 시간을 두고 내용을 검토하면서, 우리 시대에 꼭 필요한 내용을 나름의 주관과 철학을 담아 전하려고 노력한 책이라는 생각을 하게 되었다. 동시에 저자의 진솔함과 열정을 느낄 수 있었다.

물론 내 생각과 저자의 생각이 일치하는 것만은 아니다. 이 책의 내용이 우리 대한민국의 현실에 모두 맞아떨어지지도 않는다. 하지만 남자아이들을 키우고 교육하고 상담하면서 겪는 고뇌를 덜어주기에 적절한 내용을 담고 있는 것은 분명한 사실이다.

초등학교 선생님의 대부분이 여자 선생님인 시대, 한 가정에서 대부분 한 명 내지 많아야 두 명의 아이만을 키우는 시대, 아직도 엄마가 육아-교육의 대부분을 맡아서 해결해야 하는 시대. 현대는 남자아이들이 제대로 이해받고, 존중받고, 교육받기에 적합하지 않은 조건을 가진 시대인 것 같다.

또 소아정신과학 연구들을 통해 밝혀진 대로, 많은 소아-청소년 정서문제, 행동문제, 발달문제는 남아에서 2배 내지 5배 더 많이 발생한다. 남자아이들의 취약성과 환경적 부적합성을 고려하면, 남자아이를 신체적으로나 정신적으로 건강한 인격체로 키워나가는 작업이 앞으로 더욱 어려워질 것 같아 걱정이 앞선다.

이런 고뇌 속에서 남자아이들을 이해하고, 남자아이들의 장점을 파악하여 키워주고, 약점을 덮어주고 줄여나갈 수 있도록 도와주는 육아-교육 서적은 더욱 그 가치를 발한다 하겠다.

그런 의미에서 이 책이 갖는 효용성과 가치 그리고 던지는 메시지에 담긴 깊은 고뇌를 한번 더 생각해보아야 한다.

권오진
『아빠의 놀이혁명』 저자
SBS '우리 아이가 달라졌어요' 자문위원

엄마와 아들 사이에 심리적인 엇박자가 생기는 이유는 무엇일까. 어떻게 하면 효과적으로 아들에게 사랑을 잘 전달하고 변화를 일으킬 수 있을까. 좋은 부모란 도대체 무엇이며 어떤 방법을 써야 아들과 대화를 잘할 수 있을까.

이와 같은 질문에 저자 마츠나가 노부후미가 명쾌한 해법을 제시한다. 저자는 직업이 교육환경 컨설턴트인 만큼 양육에도 풍부한 경험을 갖고 있다. 자신의 자녀뿐 아니라 교육현장에서 만난 다양한 성향과 기질의 아이들을 통해 얻은 실전 지식이다. 그가 강조하는 '고추의 힘'이란 다소 생경하고 직설적인 표현이지만, 여자에 대한 반대적이거나 이분법적인 개념이 아니다. 사내아이의 개성과 본질을 의미한다. 남자아이들이 산만한 것은 남자들만이 타고난 당연한 특성이며, 이러한 에너지를 꺾지 않고 충분한 놀이로 즐기게 하는 것이야말로 미래의 비전을 키우는 원천이 된다고 강조하고 있다.

이 책은 교육제도나 성적, 성격, 리더십 등 아들을 키우는 부모가 겪을 수 있는 다양한 고민을 친절히 해설해주고 있어 부모들에게 권할 만하다. 일본 특유의 정서와 문화가 담긴 부분도 있지만 우리와 비슷한 상황이 많아서 저자가 제시하는 다양한 솔루션을 받아들이기에 별 무리가 없다. 특히 이야기를 풀어가는 과정이 '어떻게 하라'는 지침이 아니라 '이렇게 해보니 좋다'는 경험론이어서 더욱 생생하고 공감이 간다.

큰 소리를 지른다고 아이가 엄마의 말을 잘 듣는 건 절대 아니다. 아들의 특성을 알고 이해하면, 작은 소리로도 얼마든지 아들을 크게 키울 수 있다. 이것이 바로 사랑의 실천이자 변화의 시작이며 아들의 미래를 위한 성장 동력이다.

박세현
전 인제대부산백병원 소아청소년정신과 교수

많은 부모님으로부터 항상 받는 질문이 있다. 그것은 바로 아이를 올바르게 키우는 방법이 무엇이냐는 것이다. 부모님들은 이에 대한 막연하고 추상적인 답이 아닌 실제적이고 유익한 답을 듣고 싶어 한다. 특히 치열한 경쟁사회 속에서 성공하는 아들로 키우고 싶은 어머니의 마음은 더욱더 간절하다.

잠재된 '고추의 힘'을 강하게 끌어올릴 수 있는 구체적인 방법을 제시하고 있는 이 책은 아들을 둔 어머니들에게 지금 무엇을 생각하고 어떻게 해주어야 하는가를 알려주는 훌륭한 지침서가 되어 줄 것이다.

18세에 과외를 시작한 이후 정신없이 일하다 보니 교육설계사로 45년도 넘게 일하고 있습니다. 먼저, 저는 학교 선생님이 아닙니다. 교육학자도 아닙니다. 아이와 일대일로 마주하고, 부모 상담을 진행하는 개인 지도 교사일 뿐입니다.

　하지만 그러므로 누구보다도 남자아이를 가진 가정과 밀접하게 접촉해왔다고 자부합니다. 저는 학교 선생님이나 교육학자 등이 알기 힘든 현실적인 분투를 목격했습니다.

　어떤 사람들은 일대일 환경에서는 그 아이나 부모의 문제를 명확하게 알 수 없다고 말합니다. 다른 사람과 함께 있는 모습을 보아야 한다고 말이지요. 하지만 일대일 상담 전문가인

저만이 드릴 수 있는 의견이 분명히 있습니다. 선생님이 잘할 수 있는 것이, 교육학자가 잘할 수 있는 것이 따로 있듯이요.

남자아이는 밖에서 친구들과 충분히 놀아야만 합니다. 충분히 놀지 않으면 '고추의 힘'이 생기지 않습니다. 그렇지 않으면 10대 후반에 자발적으로 공부하는 습관이 생기지 않아요. 대학에 진학해서도 하고 싶은 일을 찾지 못합니다. 즉, 변변치 못한 어른이 됩니다. 이후 결혼 상대를 찾는 데도 어려움을 겪고, 결혼하여 자식을 낳더라도 부족한 부모가 될 가능성이 큽니다.

이렇게 말씀드리면 '비약이 너무 심한 거 아니야?'라고 말씀하시는 분도 계실지 모르지만, 그렇지 않습니다. 이 점을 말씀드리기 위해 쓴 책이 바로 이 책입니다. 아이가 자연을 체험하는 일과, 친구와 충분한 시간을 보내는 일이 얼마나 소중한지 제대로 이해하는 부모님이 되시길 바랍니다.

처음에 이 책은 2007년에 출간되었습니다. 이후 등교 거부, 인터넷 중독 등의 문제가 급증했습니다. 이 상황은 '자녀를 어떤 환경에서 어떻게 키울 것인가?'라는 부모의 교육관을 시험받게 합니다. 이런 분들께 도움이 되고자 개정증보판을 출간합니다. 이 책을 읽어주시는 많은 분들께 감사드립니다.

마츠나가 노부후미

안녕하십니까? 저는 '교육환경 컨설턴트'로서 하는 일은 대략 다음과 같습니다.

첫째, 중학교 · 고등학교 · 대학교 입시 문제를 분석해서 학생이 원하는 학교에 합격할 수 있도록 효율적인 학습프로그램을 짜고 실행합니다.

둘째, 학교와 학원 교육의 맹점을 보완하기 위해 음독법, 작문법, 주사위 학습법 등을 개발하여 전수합니다.

셋째, 부모에게 학생의 객관적인 상황을 설명하고 가장 좋은 교육 환경을 설정해줍니다.

쓰고 나니 어쩐지 학원 전단지 같은 느낌이 나는데, 간단히 말하면 아이를 망치지 않고 원하는 학교에 진학할 수 있는 방법을 제안하는 일을 합니다.

사실 교육환경 컨설턴트라는 관점에서 보면 입시 공부의 본질은 합격을 목표로 공부하되, 지식을 쌓는다기보다 두뇌 자체가 좋아지게 하는 것입니다. 이로써 합격과 상관없이 능력 향상을 꾀할 수 있습니다.

그런데 제가 오랫동안 남학생들을 지도하면서 깨달은 점은, 사내아이들은 어렸을 때 충분히 놀았던 아이일수록 공부를 잘한다는 사실입니다. 역사상 위대한 정치가나 과학자, 예술가 대부분이 어릴 적에는 장난꾸러기였다는 사실만 보아도 이를 실감할 수 있습니다.

뒤집어 말하면 '잘 노는 아이일수록 성공할 확률이 높다'는 언뜻 믿기 힘든 말이 되지요. 단, 여기에서 '논다는 것'은 직접 몸을 움직여서 활동하는 것을 말합니다. 요즘 아이들이 좋아하는 컴퓨터 게임이나 텔레비전 시청은 놀이가 아닙니다. 진정한 놀이란 호기심에 이끌려 직접 몸으로 부딪치면서 노는 것을 말합니다.

이 말을 다시 한번 바꿔보면 앞으로 인정받는 남자는 '단지 일만 잘하는 것으로는 부족하다. 재미있기까지 해야 한다'는 말이 되지요.

여기에서 주목해야 할 것이 바로 아들의 상징인 '고추의 힘'입니다. 고추의 힘이란 한시도 가만있지 못하고 몸을 움직여야 직성이 풀리는 에너지입니다. 쓸데없는 일을 벌이는 힘, 엉뚱한 일을 생각해내는 힘. 어쩌면 엄마나 학교 선생님(특히 여선생님)의 눈에는 그러한 모습이 침착하지 못하고 눈에 띄고 싶어서 안달하는 것처럼 보일지 모릅니다. 그러나 이런 에너지야말로 남자의 자주성과 자립성, 창조성, 지성, 추진력의 원천이 된다는 사실을 아십니까?

그런데 요즘은 인류 진화의 바탕이 되었던 고추의 힘이 학습에 지장을 준다는 이유로 학원과 학교에서 억압당하고 있습니다. 사교육이나 지나친 학교 숙제로 놀이 시간을 빼앗겨 발달에 방해를 받고 있습니다. 도시화된 생활 속에서 컴퓨터 게임이나 텔레비전 시청, 만화 탐독 같은 실내 놀이로 약해진 나머지 니트족(학교도 다니지 않으면서 일하지 않고 일하려는 의지도 없는 청년 무직자)이나 은둔형 외톨이, 나아가 자신을 억제하지 못해 갑작스럽게 범죄를 저지르는 흉악범들을 낳고 있습니다. 참으로 안타까운 일입니다.

요즘 남자들은 활기가 없습니다. 아마 여자들도 느끼는 사실일 것입니다. 하지만 처음부터 그랬던 것은 아닙니다. 이 시대가 그렇게 만든 것이지요.

저출산·고령화 사회를 살아가는 남자들, 그들은 주변의 지나친 기대와 필요 이상의 자기 방어에 신경을 쓰고 있습니다. 이것이야말로 고추의 힘을 감퇴시키는 원인입니다. 이것은 '부성(父性)의 상실' 보다도 더 큰 위기입니다.

반면에 여자는 강해지고 있습니다. 이것을 탓할 마음은 없습니다. 그러나 이 '강자'들이 사내아이의 바탕이 되는 '고추의 힘'을 소홀히 여기는 것은 용납할 수 없는 일입니다. 그 결과 시시한 남자가 많이 만들어지고 있습니다. 이 또한 여자들이 바라던 바는 아닐 것입니다.

지금까지 사회를 지킨 것이 성실한 남자들이었다면, 미래를 만드는 것은 재미있는 남자들입니다. 내 아들을 지성과 사교성을 갖춘 남자로 키우려면 어떻게 해야 할까요? 제대로 된 남자로 키우려면 어떤 놀이를 시켜야 할까요? 다시 말해 아들은 어떻게 키워야 할까요?

이 책에서는 이에 대해 알기 쉽게 설명할 것입니다. 단, 모든 일에는 예외가 있습니다. 세상에 똑같은 얼굴은 없듯 한 가지 의견이 모든 상황에 들어맞는 것은 아닙니다. 그러니 제 의견은 단지 참고만 하시기 바랍니다. '현장에서는 이렇게 하고 있구나' 하는 정도로 말입니다.

'고추의 힘'만큼 재미있는 것은 없습니다.

'고추의 힘'의 근원은 인류애입니다.

'고추의 힘'을 무시하는 교육은 용납할 수 없습니다.

두 명의 자녀를 둔 아버지,

마츠나가 노부후미

차례

\/\/\/\/\/\/\/\/\/\/\/\/\/\/\/\/\/\/\/

PART 1
내 아들의 '고추의 힘'을 살려라

/\/\/\/\/\/\/\/\/\/\/\/\/\/\/\/\/\/\/\

ヽ／ヽ／ヽ／ヽ／ヽ／ヽ／ヽ／ヽ／ヽ／ヽ／ヽ／ヽ／ヽ／

PART 2
상위권 아이들의 유년기는 이것이 다르다

／ヽ／ヽ／ヽ／ヽ／ヽ／ヽ／ヽ／ヽ／ヽ／ヽ／ヽ／ヽ／ヽ

PART 3
완벽한 아들을 둔 부모들의 공통점

PART 1
내 아들의
'고추의 힘'을 살려라

남자의 '재미있는 일을 벌이는 능력'이
유감없이 발휘되는 분야가 요리다.
여자의 요리가 기본에 충실하다면,
남자의 요리는 대담하면서도 기발하다.
그 번뜩임의 원동력은 바로
'이렇게 저렇게 하면 틀림없이 재미있을 것'이라는
충동에서 비롯된다.

많이 놀아본 사내아이가
공부도 잘한다

중산층이 붕괴되면서 이제는 모두가 '성공'을 위해 죽을힘을 다해 뛰고 있다. 이것이 오늘을 사는 우리의 모습이다. 이 시대에 성공이란 무엇일까? 다시 말해 '성공한 사람'이란 어떤 사람을 말할까?

바로 인생에서 승리한 사람이다. 단적으로 말하면 '사회에서 높은 위치에 있으면서 경제적으로 풍족한 삶을 누리는 사람'이다. 흔히 고급 아파트에 거주하는 IT 기업의 젊은 경영자나 벤처기업가, 투자 펀드 회사 종사자 등으로 상징된다. 재주가 뛰어나거나 예술이나 운동, 학문 같은 분야에서 세계에 이름을 떨친 사람보다도 경제적인 부를 이룬 사람을 '성공한 사람'으로 여기는 것에 씁쓸함이 느껴진다.

누구나 성공하기를 바라는 요즘, 손쉽게 '성공하는 길'에 들어서려면 우선 일류대학을 나와 좋은 회사에 취직해야 한다고 믿는 사람이 많다. '성공의 지름길은 오직 일류대학과 대기업(또는 고위 공무원)뿐'이라고 생각하며 아들 교육에 열을 올린다. 이들은 남자는 무엇보다 능력이 뛰어나야 하고 좋은 직업을 가져야만 한다고 말한다. 그러기 위해서는 명문대학에 입학해야 한다고 믿는다.

이러한 흐름을 타고 등장한 것이 조기교육이다. 좋은 대학에 보내려면 하루빨리 학교 공부에 도움이 되는 기본 학습을 시켜야 한다는 생각은 이미 상식으로 굳어졌다. 유치원에 들어가기 전부터 유아교실에 보내 정서 발달을 위한 교육은 물론이고 한글, 영어, 한자까지 가르치는 부모가 예전과는 비교할 수 없을 정도로 늘어났다.

이제는 유치원에 들어가기 전에 글을 읽고 쓰는 것은 기본이다. 알파벳은 필수이며 심지어 덧셈, 뺄셈까지 완벽해야 한다고 여기는 부모가 많아졌다. 아이들은 어려서부터 피아노나 수영, 영어회화 같은 학원을 두 군데 이상 다니고, 주말이면 엄마 손에 이끌려 전시회나 박물관에 간다.

　이렇게 요즘 아이들은 눈코 뜰 새 없이 바쁘다. 엄마들은 '말이 공부지 놀면서 자연스럽게 배우기 때문에 아이도 즐거워한다'고 자기 생각을 늘어놓는다. 물론 유아들을 대상으로 하는 학원이나 유아교실에서는 카드를 이용하거나 율동을 하며 가르치기 때문에 어른 눈에는 얼핏 노는 것처럼 보일 수 있다. 그래서 놀이터에서 노는 것과 조금도 다르지 않다고 생각하기 쉽다.

　유아교실에서는 아이들의 흥미를 끌어내기 위해 다양한 놀이 요소를 담아서 교육한다. 그러나 대부분 어른이 정한 규칙에 따르고, 미리 정한 각본이 있다.

사내아이는 놀이 경험으로 성장한다

가령 아이가 놀이터에서 노는 모습을 떠올려보자. 갑자기 어떤 아이가 다가와 마음에 드는 장난감을 가져가기도 하고, 또 열심히 모아놓은 나뭇잎이 바람에 날아가 웅덩이에 빠지기도 한다. 벤치 위에 올려놓은 과자를 비둘기가 날아와 먹어버리는 일도 있을 것이다.

하지만 유아교실에서는 이런 '생각지도 못한 일'이나 '갑작스러운 사건'은 거의 일어나지 않는다. '그래서 안심할 수 있지 않느냐'고 반문할지 모르지만, 그것은 잘못된 생각이다. 우연한 사건이야말로 예상 밖의 재미를 맛보고 다양한 감정을 체험할 수 있는 기회이기 때문이다. 호기심을 마음껏 표출하며 좌충우돌했던 경험은 아이의 상황대처 능력을 키워주고 자신감도 쌓아준다.

나는 아이들, 특히 남자아이의 학습 능력을 높여주는 것은 '어린 시절에 충분히 놀아본 경험'이지 절대 조기교육이 아니라고 생각한다. 여기에서 말하는 '놀이'란 혼자서 텔레비전을 보거나 컴퓨터 게임을 하는 것이 아니라, 자연 속에서 온몸을 던져 친구들과 어울려 노는 것을 뜻한다.

자연 속에서 놀다보면 수많은 '이상한 일'과 다양한 '아름다움'을 발견하게 된다. '이럴 때는 이렇게 하면 된다'는 삶의 지혜 또한 깨달을 수 있다. 그리고 친구와 어울리며 자기 혼자서 놀 때는 느낄 수 없었던 '재미'를 알게 되고 '친구와 잘 지내는 법'도 터득하게 된다.

이렇듯 사내아이는 놀면서 얻은 경험이 축적되면서 성장한다. 많은 엄마들이 같은 또래의 여자아이가 열심히 공부하는 모습을 보며 '우리 애는 놀기만 한다'고 불안해한다. 그러나

중학생이 되어서까지 계속 노는 아이는 오히려 드물다. 자기가 스스로 알아서든, 주변 친구들의 영향을 받아서든 시험을 의식하게 되면 저절로 '공부해야 할 때'라고 깨닫고, 그동안 놀이를 통해 얻은 경험을 살려 착실히 공부한다.

예를 들어 지하철을 좋아해서 지하철역 이름을 줄줄 외웠던 아이는 화학기호를 암기할 때도 같은 방법을 적용하여 쉽게 암기하고, 친구와 싸우면서 놀아본 아이는 국어책을 읽을 때도 등장인물의 마음을 이해하며 내용을 음미한다. 또 퍼즐 맞추기를 좋아하는 아이는 도형 공부에 흥미를 느껴 수학 과목에 재미를 붙인다. 그리고 무엇보다 충분히 놀아본 아이들은 '열심히 하겠다'는 각오가 대단하다.

온몸으로 부딪쳐가며 배운 지식이 무작정 외운 지식보다 더 오래간다는 사실은 부모들도 경험해보았을 것이다. 요리도 요리법을 통째로 달달 외우는 것보다 직접 만들어보아야 느끼는 법이다. 운전도 마찬가지다. 브레이크와 액셀을 언제 밟아야 하는지, 차선 변경 시 깜빡이는 언제 켜야 하는지, 비와 눈이 올 때 제동거리는 어떻게 달라지는 등을 스스로 경험해봐야 안다. 아무리 많은 이론서와 동영상을 참조해도 직접 체험하지 못하면 별 소용이 없다. 체험으로 얻은 지식은 다른 분야에도 응용할 수 있는 산지식이 된다.

'우리 아이는 놀기만 하고 공부는 전혀 하지 않는다'고 걱정할 필요가 없다. 공부는 중학교 1학년 때부터 시작해도 충분하다. 그때까지는 마음껏 놀게 하는 것이 아들의 학습능력 향상에 도움이 된다는 사실을 기억하자.

사내아이는
'재미'를 발견하는 데 천재다

'여자가 남자보다 한 수 아래'라는 말은 이제 완전한 옛말이다. 공부에서도 리더십에서도 남자보다 뛰어난 여자가 점점 늘고 있다. 남녀공학에서 상위권을 차지하는 것이 대부분 여학생이라는 점에서도 이 사실을 실감할 수 있다. 나는 일본 국회의원의 절반을 여성이 차지하게 될 날도, 여성 대통령이 나올 날도 머지않았다고 생각한다.

시대가 변하면서 여자들이 생각하는 이상적인 배우자상이 바뀌고 있다. 예전에는 '경제력 있는 남자'를 일등 신랑감으로 꼽았지만, 요즘 여자들은 '요리 잘하는 남자'를 선호한다. 다시 말해 한 집안을 책임질 수 있을 만큼 능력 있는 여자는 자기 앞길을 방해하지 않고 가정을 돌봐줄 수 있는 남자를 이상형으로 생각하는 것이다. 요즘 여성들은 공부만 잘하는 '마마보이'는 거들떠보지도 않는다. 그야말로 공부 잘하고 앞길도 유망한, 장점투성이인 남자에게는 수난의 시대다.

그러나 이처럼 능력 있는 현대 여성도 남성을 이길 수 없는 것이 하나 있다. 바로 '재미를 발견하는 힘'이다. 여성은 정해진 일을 빈틈없이 해내는 능력이 뛰어난 데 반해 남성은 정해진 길에서 벗어나고 싶어 하는 습성이 있다. 남자는 호기심이 강한 데다 결과를 생각하지 않고 일단 저지르고 보는, 어떤 의미에서는 무모하다고 볼 수 있는 성질이 강하기 때문이다.

가령 초등학교 수업 시간에 꽃밭 만들기를 한다고 하자. 이럴 때 여자아이는 먼저 꽃밭을 일정하게 나눈 다음 꽃 색깔별로 줄을 맞추어 꽃씨를 심는다. 꽃씨와 꽃씨 사이도 일정하게 띄어서 꽃이 필 공간을 만들어준다.

그런데 남자아이는 '여기에 연못을 만들면 어떨까?', '꽃밭 한가운데 산을 만들고 거기에 꽃을 심으면 어떨까?' 등 이런저런 생각을 쏟아낸다. 꽃씨도 나중에 어떤 꽃이 어떻게 필지는 생각하지 않고 아무렇게나 뿌린다. 이것은 튼튼한 꽃을 피운다든지 꽃밭을 예쁘게 꾸민다는 목적에서 보면 한심한 일이다. 그러나 이런 쓸데없는 일, 터무니없는 일이라도 시도해보는 것이 바로 사내아이다.

엉뚱한 시도로 꽃이 시들어버릴 수도 있다. 그러나 꽃이 제대로 피면 세상에 하나뿐인 재미있는 꽃밭이 완성된다. 자로 잰 듯 깔끔한 꽃밭을 만든 여학생한테는 쉽게 일어날 수 없는 일이다.

'충동'의 또 다른 이름 '추진력'

남자의 '재미있는 일을 벌이는 능력'이 유감없이 발휘되는 분야가 요리다. 여자의 요리가 기본에 충실하다면, 남자의 요리는 대담하면서도 기발하다. 문득 '어묵조림에 카레 가루를 넣으면 어떨까?' 하는 생각에서 출발해 완전히 새로운 메뉴를 개발해내는 것이 남자다.

물론 실패할 때도 있다. 그러나 여자아이가 '그런 어묵조림은 없다'며 안정을 추구할 때 남자아이는 '해보지도 않고 어떻게 알겠느냐'며 앞뒤를 재지 않고 일단 저지르고 본다.

이처럼 무슨 일을 하면서 '이렇게 하면 어떨까? 저렇게 하면 어떨까?' 하는 아이디어가 떠오르기라도 하면 곧바로 실행으로 옮기는 것이 사내아이다. 그 번뜩임의 원동력은 바로 '이렇게 저렇게 하면 틀림없이 재미있을 것'이라는 충동에서 비롯된다.

머리에 떠오른 재미있는 발상이나 엉뚱한 생각을 행동으로 옮겨보려는 추진력은 성장한 뒤에 놀라운 발견이나 발명, 새로운 사업을 구상하는 창조력의 바탕이 된다. 또한 남자만의 패기를 느끼게 하는 중요한 힘이 된다.

대부분의 기업에서 역동적인 발상과 창조력, 그리고 행동으로 옮기는 추진력을 갖춘 인재를 원한다는 점을 생각하면 이런 남자의 '재미있는 일을 만들어내는 힘'은 아주 중요한 요소임을 알 수 있다.

사내아이는 선천적으로 이런 능력을 갖고 태어난다. 그런데 다른 사람도 아닌 엄마가 그 싹을 밟아버릴 때가 종종 있다. 가령 아이가 정해진 놀이법이 아닌 다른 방식으로 놀려고 할때 "그게 아니라 이렇게 하는 거야"라고 참견하는 것이다. 모처럼 아이가 자기만의 놀이를 개발하고 있는데 부모가 이렇게 끼어들면 아이의 창조성에 찬물을 끼얹는 꼴이 된다. 게다가 '규칙대로 하지 않으면 안 된다'며 아이를 틀에 끼워 맞추려고 하면 아이는 독창성을 키울 기회마저 잃어버린다. 이런 행동은 사내아이의 장점을 일부러 없애려는 것과 같다.

아이가 어떤 일을 하다가 갑자기 딴 길로 벗어나 엉뚱한 짓을 하더라도 "쓸데없는 짓 하지 말고 똑바로 해!"라고 야단치지 말자. "어머나, 그렇게 했니? 재미있구나"라고 반응해주자. 엄마의 긍정적인 반응과 기뻐하는 모습에 힘을 얻은 아이는 좀 더 재미있는 일을 하려고 노력할 것이다. 아이가 '재미있는 일을 생각하고 실행하는 힘'을 기를 수 있느냐 없느냐는 엄마 하기에 달렸다. 아이가 아무리 쓸데없는 일을 벌여도 관심 있게 지켜보자. 창조력은 엉뚱한 행동에서 비롯된다.

당연한 일에 어째서 아들은
"왜?"라고 묻는 걸까?

모든 일에는 원인과 결과가 있다. 아이 성적이 떨어지는 것도 마찬가지다. 공부를 하지 않았다든지, 수업시간에 딴청을 피웠다든지, 걱정거리가 있어서 공부에 집중하지 못했다든지 등의 원인이 반드시 있다. 하다못해 음식을 할 때도 소금보다 설탕을 먼저 넣는 것은 '소금은 설탕보다 알갱이가 커서 소금을 먼저 넣으면 설탕 맛이 재료 속까지 스며들지 않는다'는 이유가 있기 때문이다.

그런데 여자들은 대부분 이러한 '논리'보다는 '감각'을 따른다. 앞서 말한 음식에 양념을 넣을 때도 "왜 그런지는 몰라도 어쨌든 소금은 설탕을 넣은 뒤에 넣어야 맛있어요"라고 말하는 사람이 의외로 많다. 또 오랜 경험으로 '설탕을 넣기 전에 소금을 넣으면 단맛이 잘 안 밴다'는 사실을 터득한 사람도 있다. 흔히 '남자는 논리, 여자는 감각으로 움직인다'고 말하는데 요리에서도 그런 것 같다.

아이들도 마찬가지다. 사내아이들의 머릿속은 언제나 '왜?'라는 질문으로 꽉 차 있다. 가령 엄마가 음식을 만들면서 절대로 손대지 말라고 주의를 준다고 치자. 이때 딸은 '만지면 안 되는구나' 하고 느낌으로 아는 반면, 아들은 '왜 그럴까?' 하는 생각부터 한다.

슈크림을 만들 때 반죽이 잘 부풀면 성공하지만, 자칫 만드는 도중에 오븐을 열면 부풀었던 반죽이 금세 꺼져버린다. 딸은 진지한 표정으로 오븐을 쳐다보는 엄마의 눈길만 봐도 '가까이 가지 않는 게 좋겠다'고 직감으로 알아차린다. 아들도 이와 같은 생각과 행동을 할까? 안타깝지만 전혀 그렇지 않다. 이 순간 아들에게 엄마의 기분이나 표정은 고려 대상이 아니다. 오븐 안에서 부풀어 오르는 반죽을 직접 눈으로 보고 싶다는 본능과, 향긋하고 기분 좋은 빵 굽는 냄새에 이끌려 오븐을 열고 싶다는 욕망만 가득하다. 이 욕망을 충족시키기 전까지 다른 그 무엇도 할 수 없다. 이것이 바로 아들이 오븐 문을 덜컥 열어버리는 이유다.

야단맞을 때도 그렇다. 엄마가 "뭐 하는 거야? 얌전히 있으랬잖아" 하고 화를 내면, 딸은 '내가 잘못했구나' 하고 뉘우치지만 아들은 다르다. '엄마는 왜 화를 낼까?', '내가 뭘 잘못했다고 저러실까?'라고 생각한다. 이런 일이 되풀이되면 사내아이는 차츰 마음의 문을 닫아버린다.

공부할 때도 그렇다. 엄마가 공부하라고 말하면 딸은 바로 책을 펼치지만 아들은 '보고 싶은 텔레비전 프로그램이 있는데 꼭 지금 해야 하나?'라고 생각한다. 이럴 때는 아무리 흥분해서 "공부하라는 소리 안 들려?"라고 소리쳐도 소용이 없다.

아들은 '엄마가 화를 내면 기분이 안 좋으니까 한 소리 듣기 전에 공부하자'라는 생각을 좀처럼 하지 않는다. 아무리 야단을 맞아도 '엄마가 화가 났구나' 정도로만 생각한다. 그러므로 처음부터 아들이라 그러려니 생각하면 쓸데없는 에너지 낭비를 막을 수 있다.

하지만 모름지기 부모라면 아이가 하지 말아야 할 것을 가르치고, 게으름 피울 때는 따끔하게 야단도 쳐야 한다. '야단쳐도 소용없으니까', '어차피 말해봤자 이해하지 못하니까'라고 생각하고 손을 놓아버린다면 무책임한 부모가 될 뿐이다.

머리로 이해하지 못하면
절대 움직이지 않는 사내아이

어차피 말해봤자 아이가 이해하지 못한다고 생각한다면 그것은 모두 엄마의 잘못이라는 사실을 깨달아야 한다. '말해도 이해하지 못하는' 것이 아니라 엄마가 '알아듣게 말하지 못하는' 것이기 때문이다. 엄마와 딸은 동성(同性)이기 때문에 딸은 어떻게 야단을 쳐야 효과가 있는지 자연적으로 알지만, 아들은 그렇지 않다.

남자아이를 야단치는 효과적인 방법, 그것은 논리에 맞게 말하는 것뿐이다. 남자는 머리로 이해해야만 말을 듣는 동물이다. 바꿔 말하면 왜 그런지, 어째서 그렇게 해야 하는지를 이해하지 못하면 받아들이지 않는다.

엄마에게 야단맞을 때도 엄마가 왜 화를 내는지 이해가 안 가면 '잘못한 일'이라는 사실을 깨닫지 못한다. 아들은 딸처럼 '엄마가 화를 낸 까닭은 내가 잘못했기 때문'이라고 생각하지 않는다. 앞서 말한 슈크림의 예에서도 "좋은 냄새가 나서 문을 열고 싶어진 마음은 이해한다. 하지만 슈크림은 단숨에 구워야만 예쁘게 부풀지, 중간에 문을 열면 짜부라진단다. 자, 봐라. 납작해졌지? 그러니까 오븐에서 다 됐다는 소리가 울릴 때까

지 절대로 문을 열면 안 되는 거야" 하고 일일이 설명해줘야 한
다. 나아가 슈크림이 부풀어 오르는 원리까지 과학적으로 설명
해준다면 더 바랄 것이 없겠다.

어려서부터 이치를 따져서 이해하는 버릇이 들면 학습 능
력도 자연스레 향상된다. 다시 말하지만 감정적으로 아들을 야
단치는 것은 머리 나쁜 아이로 만들겠다고 작정한 것과 같다.
사내아이를 대할 때는 일부러라도 이성적으로 행동해야 한다.
그리고 이야기도 설득력 있게 해야 한다. 아이가 정확히 이해
하지 못해도 '모든 것에는 원인과 결과가 있다'는 것만 알 정도
면 충분하다. 차곡차곡 쌓인 논리는 앞으로 이론적·과학적 사
고의 기반이 되어 이과계통의 힘을 기르는 밑거름이 된다는 사
실을 잊어서는 안 된다.

'딸'로 태어난 엄마가 알아야 할 '아들'의 본성

저출산 문제가 해마다 심각해지고 있다. 옛날에는 아이를 네다섯이나 낳는 가족도 드물지 않았지만 요즘은 한 명만 낳는 것을 당연히 여기는 가정이 많다. 저출산 문제는 부모 자신이 저출산이라는 현실 속에서 자란 것과도 무관하지 않다고 생각한다. 요즘 부모들은 형제가 많지 않다. 형제가 적더라도 남매인 경우는 괜찮지만, 자매뿐이거나 외동딸로 자란 여성이 결혼해서 아들을 낳았을 때는 문제가 된다.

엄마도 '딸'이기 때문에 딸을 낳으면 기르는 데 어려움이 없다. 그러나 아들은 다르다. 아들은 어떻게 키워야 하는지부터 시작해서 '사내아이는 어떻다'는 남자의 생리와 남자의 생태를 짐작할 만한 본보기가 없기 때문에 모든 것이 낯설다. 아주 흔한 예를 들어보자.

밖으로 데리고 나간 아들이 갑자기 오줌이 마렵다고 한다. 이때 남자 형제와 함께 자란 엄마라면 조금도 당황하지 않고 아이를 눈에 띄지 않는 곳으로 데려가 오줌을 누인다. 그런데 남자 형제도 없고 주위에서 사내아이를 본 적도 없는 엄마는 '눈에 띄지 않는 곳으로 데려가 오줌을 누인다'는 판단을 좀처럼 내리지 못한다. 그래서 이리저리 화장실을 찾아다니다 결국 바지에 오줌을 싸게 한다. 엄마와 아이 모두에게 당혹스러운 일이다.

다른 엄마들과 음식점에 갔다고 하자. 엄마는 아이에게 색종이를 주며 얌전히 앉아서 갖고 놀라고 말한다. 그러나 이건 여자아이한테나 통하는 말이다. 사내아이는 의자에 가만히 앉아 있지 못한다. 흥미를 끄는 물건이 보이면 호기심이 발동하는 특성 때문에, 설령 잠깐 동안은 얌전히 종이접기를 한다 해도 어느새 색종이를 집어 던지고 음식점 안을 휘젓고 돌아다닌다. 그러면 엄마는 "좀 가만히 있지 못하겠니?" 하고 화를 내게 된다. 이것은 아이의 잘못이 아니다. 사내아이의 특성을 모르는 엄마에게 책임이 있다.

그런데 사내아이 본래의 특성은 이해하지 않은 채 무섭게 야단쳐서 '얌전히 앉아 있는 착한 아이'로 교정해버리려는 엄마가 많다. 이런 일이 되풀이되면 아이는 본래 지닌 왕성한 호기심이 짓밟혀 무기력한 어른이 될 수 있다.

여자인 엄마는 모르는 남자의 생리

더 큰 문제는 아이가 사춘기에 접어드는 시기다. 이때는 남녀를 불문하고 이성에게 관심을 보인다. 아마 엄마가 사춘기였을 때도 마음에 드는 이성이 있었을 것이다. 사내아이도 마찬가지인데, 크게 다른 점이 있다면 이 시기의 사내아이는 자신도 주체할 수 없을 만큼 강한 성욕으로 고민한다는 것이다.

사랑이냐 아니냐를 따지기 전에 왕성하게 만들어진 정자를 배출하고 싶어서 못 견디는 생리를 여자인 엄마는 도저히 이해하지 못한다. 그렇다고 욕구를 해소할 상대를 찾을 만한 여건도 안 되므로 아이는 어쩔 수 없이 인터넷 성인 사이트를 찾거나 성인 잡지를 보면서 성욕을 해소한다. 이것은 매우 정상적인 행동이고, 남자로 태어난 이상 반드시 거치는 관문이다.

그런데 이런 '남자의 생리'를 모르는 엄마는 아이 방에서 외설스러운 그림이나 잡지를 발견한 순간 아들이 '변태'라는 생각에 큰 소동을 일으킨다. 그렇게 되면 아이는 죄책감을 느끼고, 건전한 성욕이 크게 왜곡된다.

따라서 엄마 혼자 감당하기 벅찬 사내아이를 제대로 키우려면 반드시 아버지가 도와줘야 한다. 아버지라면 서서 오줌 뉘는 요령부터 아이가 가만히 있지 못할 때 어떻게 대처해야 하는지 가르쳐줄 수 있다. 무엇보다 아이가 사춘기를 겪을 때 아버지의 존재가 빛을 발한다. "○○ 방에서 이런 게 나왔는데…"라며 불안해하는 엄마에게 "괜찮아, 사내아이는 다 그래. 때가 되면 괜찮아질 거야"라며 조언한다. 이런 아버지의 말 한마디가 엄마의 고민을 덜어주고 불안을 해소해준다.

물론 이렇게 되려면 먼저 부부 사이가 좋아야 한다. 평소에 대화를 많이 나누어 마음이 잘 통하는 부부일수록 아이의 성 같은 민감한 이야기도 쉽게 꺼낼 수 있다.

05

아들에게
'화'보다는 '차가움'이 통한다

〉〈〉〈〉〈〉〈〉〈〉〈〉〈〉〈〉〈〉〈〉〈〉〈〉〈〉〈〉〈〉〈〉

'꼭 해야 하는 숙제, 반드시 지켜야 할 약속, 잊지 말고 해야 할 일… 이 모든 일을 아이 스스로 알아서 한다면 얼마나 좋을까?' 부모라면 한번쯤 이렇게 생각할 것이다.

보통 딸은 부모가 시키기 전에 척척 알아서 한다. 하지 않 았다고 해서 야단을 맞는 것도 아니고, 큰 문제가 생기는 것도 아니지만 제대로 하지 않으면 어쩐지 손해 볼 것 같고, 끝내놓 지 않으면 기분이 찜찜해서 그렇게 한다고 한다. 이것이 딸의 특성이다.

그러나 아들은 '하지 않으면 어쩐지 불안하다'고 생각하는 경우가 거의 없다. 오히려 엄마나 여자 형제가 이해하지 못할 행동을 아무렇지도 않게 저지른다. 아들이 어렸을 때를 떠올려 보자. 갑자기 높은 곳에서 뛰어내리거나, 벌레를 잔뜩 잡아 와서 물이 담긴 양동이 안에 넣거나, 게임기에 드라이버를 쑤셔 넣어서 황당했던 적이 있을 것이다. 아이 나름대로 이유 있는 행동이지만 어른들은 이해하기 어렵다. 그것이 사내아이다.

'해야 할 일과 하지 말아야 할 일'을 직감으로 아는 엄마에게 '해야 할 일은 하지 않고, 하면 안 되는 일만 골라하는 아들을 키우는 일'은 그야말로 끝없는 지뢰밭이다. 아마 대부분의 엄마들이 "빨리 해"와 "그런 걸 왜 하니?"라는 말을 입에 달고 살지 않을까?

아들을 키우려면 논리로 무장하고 설득력을 길러야 한다고 이야기했다. 그러나 문제는 엄마의 논리가 통하지 않는 경우, 이야기의 설득력이 부족한 경우다. 아이를 야단칠 때마다 번번이 "도대체 몇 번 말해야 알아듣겠니?"라는 말로 시작한다면 문제가 있는 엄마다. 엄마의 말에 설득력이 없다는 증거이기 때문이다. 이것은 바람직하지 않다. 이럴 때 아이는 '도대체 어쩌라는 것인지 모르겠네. 그냥 모른 척해야지'라고 생각한다.

아들을 야단칠 때는
감정이 아닌 논리가 필요하다

아들을 야단칠 때는 감정을 드러내지 말고 논리를 세워서 설득해야 한다. 그래도 효과가 없다면 좀 더 강하게 나가야 할까? 그렇게 하면 문제가 더 심각해진다. 이럴 때는 차라리 무시하자. 아이가 해야 할 일을 하지 않을 때 "어서 하라고 했잖아!"라고 한마디 쏘아주고 싶겠지만, 꾹 참고 아무 말도 하지 말아보자. 단, 그냥 이렇게만 하면 아이는 '휴, 이제 안 해도 되겠구나. 엄마가 포기했어. 잘됐다'라고 생각할 수 있다. 그러므로 어딘지 모르게 아이가 '엄마가 나를 냉정하게 대하고 있구나'하고 눈치챌 정도로 대해보자. 이것이 포인트다.

예를 들면 식사 전에 숙제를 끝내라고 해도 아이가 좀처럼 말을 듣지 않고 텔레비전만 본다면, 평소에 하던 대로 "숙제 먼저 하기로 했지?"라고 한마디만 한다. 그래도 아이가 말을 듣지 않을 때는 아이에게 들릴 정도로 한숨을 쉬고 아무 말 없이 식사 준비만 한다. 그리고 밥을 먹을 때도 아이가 말을 걸면 "응" 정도로만 대꾸하고, 식사가 끝나면 즉시 식탁을 정리하고 얼른 다른 일을 시작한다.

아이를 완전히 무시하면 너무 잔인하므로 '시큰둥한 반응'

만 보이는 것이 요령이다. 아이가 말을 걸었을 때 못 들은 척하는 것이 아니라 "그러니? 그런데 지금 바쁘니까 나중에"라고 건성으로 대답하고, 자신이 할 일에 몰두한다. 이성의 무시는 동성의 무시보다 타격이 큰 법이다.

아이는 '어쩐지 엄마가 차가워진 것 같다'라고 생각한다. 이는 '아무래도 화가 난 것 같다' → '내가 야단맞을 짓을 했나?' → '큰일났다. 아직 숙제를 안했다'로 발전한다. 이처럼 스스로 알아서 하게 만드는 작전이 중요하다. 설득해도 말을 듣지 않거나 잔소리를 할 때까지 딴짓만 할 때는 이런 식으로 차갑게 대하면 효과가 있다.

정면에서 화를 낸다고 아이가 부모 말을 잘 듣는 것은 아니다. 차근차근 설득하거나 차갑게 대하는 등 다양한 방법을 써보자. 이때 절대 아이를 얕보아선 안 된다. 어엿한 한 남자로 대하는 냉정한 태도가 중요하다.

말로만 야단치면
아들은 엄마를 얕본다

'아이에게 화내지 않는, 상냥하고 다정한 엄마.' 이것은 모든 엄마들의 소망이다. 그런데 현실은 어떤가. 하루 종일 아이에게 소리 지르고 화를 낸다. 아이가 늦잠을 자면 "얼른 일어나! 지각하겠다" 하고 소리치고, 아이가 일어난 뒤에도 "빨리 밥 먹어", "세수했니? 머리가 엉망이구나", "서둘러서 학교에 가" 하며 날카로운 목소리로 잔소리를 해댄다. 한바탕 전쟁을 치른 뒤에 아이가 겨우 집을 나서면, 완전히 진이 빠져서 잠시 동안 일이 손에 안 잡힌다는 엄마도 분명 있을 것이다.

또 아이가 학교에서 돌아오면 "숙제했니?", "공부해야지" 하며 하나하나 챙기기 바쁘고, 학원 갈 시간이 되면 "꾸물거리지 말고 학원 가야지" 하고 재촉한다. 저녁 먹을 때도 "식기 전에 어서 먹어", "손부터 씻어야지", "텔레비전은 언제까지 볼 거니? 숙제는 다했어?" 하고 잔소리를 해댄다. 밤이 깊어지면 "얼른 자야지. 내일 또 늦잠 자지 말고" 하며 걱정을 늘어놓는다. 이는 자식이 올바른 사람이 되기를 바라는 마음 때문이다. 부모의 잔소리를 겸허하게 받아들이고 반성해서 두 번 다시 똑같은 잘못을 저지르지 않게 하기 위해서다. 이것이 부모가 아이를 야단치는 목적이다. 그러므로 부모는 괜히 화가 치밀어서라든지, 남 보기에 좋지 않은 행동을 해서라든지, 부모 마음에 들지 않는다는 등의 이유로 아이를 야단쳐선 안 된다.

한번 주의를 준 일은 반드시 끝내게 한다

아무리 올바른 인간으로 키우기 위해서라고 해도 아이가 꾸중을 받아들이지 않으면 아무 의미도, 효과도 없다. 그렇다면 효과 없는 꾸중이란 어떤 것일까? 바로 말로만 야단치는 경우다. 가령 학교에서 돌아온 아이에게 "손 씻고 양치질부터 해라"라고 말했다고 하자. 그런데 아이가 "친구 집에 가야 하니까 얼른 숙제부터 할게요"라고 대답한다. 그럴 때 "그래라" 하고 한걸음 물러나지 않는가?

아니면 방 좀 치우라고 야단쳤는데 아이가 "나중에 할게요"라고 대답하면, "그래, 나중에 꼭 해" 하고 그냥 넘어 가진 않는가? 부모도 '뒤따라 다니면서 잔소리하고 싶지 않다'는 생각에 아이가 타당한 이유를 대면 '일단 말은 했으니까 알아서 하겠지' 하고 끝내버릴 때가 많다. 그러나 이렇게 하면 아들은 차츰 부모의 말을 '그러려니' 하고 흘려듣게 된다. 한번 주의를 준 일은 단호하게 시켜야 한다. '나중에'라는 말은 없다. 부모는 의연하게 행동해야 한다. 그리고 그렇게 하려면 상황을 관찰하는 능력이 있어야 한다.

그런데 말만으로 끝내는 부모가 정말 많다. 특히 '숙제부터 하고 나서', '학원에 가야 하니까'처럼 공부와 관련된 핑계를 대면 '할 수 없지' 하고 그냥 넘어가기 쉽다. 사내아이를 키우는 부모 중에는 '남자니까 방 정리 같은 건 못 해도 상관없다'고 처음부터 단념하는 경우도 많다.

그러나 이런 일이 되풀이되면 아이는 '엄마가 잔소리를 해도 적당히 둘러대면 금방 조용해진다'고 생각하고 건성으로 듣게 된다. 이런 사태를 막으려면 먼저 '부모가 한번 주의를 준 일은 당장 해야지, 그렇지 않으면 용서하지 않는다'는 원칙을 만들어야 한다.

만일 부모 스스로 '아이를 너무 볶는 건 아닐까?' 하고 우려가 된다면, 그것은 당장 하지 않아도 될 일까지 잔소리를 하고 있기 때문일 것이다. 아이에게 주의를 줄 때는 '반드시 시키겠다'는 굳은 의지와 함께 금방 하지 않아도 되는 일은 시키지 않는 마음의 여유가 필요하다. 덧붙여서 아이에게 능력 밖의 일을 시키는 것은 쓸데없는 짓이란 걸 명심해야 한다.

"손 씻고 양치질해라. 구두는 잘 벗어놓았니? 손 씻으러 가기 전에 책가방부터 정리해! 통신문이 있으면 내놓고. 숙제는?" 이런 식으로 숨 돌릴 겨를도 없이 잔소리를 해대면 아이는 혼란스러워한다. 우선순위를 정해서 시키고, 한번 주의를 준 일은 반드시 끝내게 한다. 이것이 부모 말을 잘 듣는 아이로 키우는 비결이다.

"안 돼!"를 자주 하면 '안 되는' 아들이 된다

아들이 놀이터에서 친구와 싸우고 있다. 자세히 보니 모래를 가득 담은 장난감 삽을 들고 친구를 향해 휘두르고 있다. 자, 이럴 때 여러분은 어떻게 하는가? "안 돼! 지금 뭐 하는 거니!" 하고 소리를 지를까? 아, 이런 무식한 행동은 하지 않는다고?

그러면 아들에게 달려가 손에 든 삽을 빼앗으면서 "이런 걸 휘두르면 안 돼. 친구를 때리면 친구가 아프잖니. 그리고 만일 모래가 친구 눈에 들어가면 어떻게 되겠니?"라고 부드럽게 타이를까? 아쉽지만 둘 다 정답이 아니다. 가장 좋은 방법은 잠자코 지켜보는 것이다.

결국 아들은 친구를 때리고, 친구는 모래투성이가 되어서 울기 시작한다. 하지만 아직 달려가면 안 된다. 조금 더 기다려 보자. 친구가 울자 겁이 난 아들은 어쩔 줄 몰라 하며 가만히 서 있다. 이때 친구가 갑자기 아들을 쳐서 바닥에 쓰러뜨리고 마구 때린다. 아들도 울면서 일어나 친구에게 달려들고 두 아이는 서로 치고받는다. 부모는 이때쯤 개입하는 것이 좋다.

물론 딱딱한 쇠삽을 휘두르거나 눈을 향해서 모래를 던지는 위험한 행동을 할 때는 이야기가 달라진다. 이렇게 큰 싸움으로 번질 가능성이 있을 때는 곧바로 말려야 하지만, 그 외에는 조용히 사태를 지켜보도록 하자.

요즘은 아이를 위해서가 아니라 다른 엄마에게 '저 애는 툭 하면 때리니까 우리 애랑 못 놀게 해야 한다'든지 '저 애 부모는 방임주의다'는 말을 듣기 싫어서 자녀의 행동을 일일이 규제하는 부모도 많다.

사내아이를 키울 때는 싸움을 하든 난폭한 행동을 하든 끝까지 내버려두는 것이 좋다. 맞으면 얼마나 아픈지, 싸우지 않으려면 어떻게 행동해야 하는지를 직접 경험하고 깨달아야 어른이 되어서 더 큰 사고를 저지르지 않는다. 사내아이는 스스로 경험하고 몸으로 배우지 않는 한 그 행동이 어떤 사태를 불러올지 예측하지 못하는 특성이 있기 때문이다.

사내아이는 몸으로 배운다

만일 놀이터에서 삽을 든 아이가 딸이었다면 삽을 휘둘렀을 때 어떤 일이 일어날지 상상하고, 큰일이 벌어질 거라고 판단하여 행동으로 옮기지 않았을 것이다. 그러나 사내아이는 '삽을 휘둘러서 친구가 맞았고, 그 친구가 나를 때려서 나도 아팠고, 결국 재밌는 놀이 시간이 엉망이 되었다'는 경험을 해봐야만 '삽을 휘두르면 안 된다'는 결론을 얻는다. 그렇기 때문에 남자아이에게 실패라는 경험은 매우 중요하다. 사내아이는 몸으로 배운다. 여자인 엄마는 이해하기 어렵겠지만 사내아이란 원래 그렇다.

사내아이들이 좋아하는 놀이 중에 계단에서 뛰어내리기가 있다. 처음에는 2칸씩 뛰어내리다가 차츰 간격을 넓힌다. 용기를 내서 뛰어내리고, 성공하면 큰 기쁨을 느낀다. 이 놀이를 통해 '오늘은 4칸 뛸 수 있겠다. 5칸은 안 될 것 같다'며 자신의 능력을 정확히 가늠하는 힘뿐만 아니라 뛰어내리는 순간 팔을 높이 들면 더 멀리 뛸 수 있다든지, 착지할 때 무릎을 구부리면 충격을 줄일 수 있다는 요령도 배운다.

그런데 부모가 '잘못해서 다리가 부러지면 큰일'이라며 이 놀이를 못하게 하면 어떻게 될까? 아이는 자기가 어느 정도 높이에서 뛸 수 있는지, 뛰어내릴 때의 충격은 어느 정도인지 배우지 못한다. 그래서 친구랑 놀다가 갑자기 높은 곳에서 뛰어내려 크게 다치는 사고도 난다. 많이 경험하고 많이 실패하면서 몸으로 배운 아이일수록 성장한 뒤에 엉뚱한 짓을 저지르지 않는다.

어려서부터 쌓은 경험은 새로운 일에 부딪혔을 때 좋은 결과를 얻을 수 있게 이끌어주는 나침반 구실을 한다. 부모는 아이가 더 많은 경험을 할 수 있도록 "안 돼!"라는 말은 가능한 한 줄여야 한다. 그래야 유연성과 위험 회피 능력이 뛰어난 남자로 키울 수 있다.

척척박사 부모는
아이의 창의력을 해친다

아이는 호기심 덩어리다. 특히 사내아이는 궁금한 게 많아서 늘 "왜?"라는 질문을 입에 달고 산다. 길을 걷다가도 "왜 길에 뚜껑이 있어?" 혹은 하늘을 쳐다보고는 "왜 낮에는 달이 하얘?"라고 묻는다. 이런 질문에 곧바로 대답하지 못하고 우물쭈물했던 경험은 누구나 있을 것이다.

아이가 자라면 질문의 범위는 더욱 넓어진다. 사극을 보면서 "왜 머리 모양이 저래?"라고 묻기도 하고, 뉴스를 보면서 "저 사람은 왜 울어?"라고 질문하기도 한다. 이따금 "저 사람은 왜

엉덩이를 흔들어?"와 같은 대답하기 곤란한 질문도 하지만, 아이의 '궁금증'은 순수한 지적 호기심의 표현일 뿐이다. 만유인력을 발견한 뉴턴도 어렸을 때 1+1은 왜 2가 되는지 질문했다는 유명한 일화가 있다.

아이의 '왜'라는 질문을 무심코 넘기지 말고 충분히 존중해 줘야 한다. 아이가 "왜?"라고 물었을 때 "그런 건 신경 쓰지 말고 숙제나 해"라며 무시하는 대응도 좋지 않지만, 또 한 가지 피해야 할 대응법이 있다. "그건 말이지…" 하면서 뭐든지 곧바로 가르쳐주는 것이다. 이러한 태도는 부모, 특히 아버지가 고학력일수록 심하게 나타난다.

예전에 일본에서 〈아빠는 모르는 게 없다(Father knows Best)〉라는 미국 드라마가 방영된 적이 있다. 그 드라마에 나온 아버지를 이상적인 아버지상으로 생각하는 사람들은 '아이의 질문에 부모가 대답해주는데 무슨 문제가 있느냐'고 반문할지 모른다.

그러나 '궁금증이 생긴다' → '부모가 가르쳐준다' → '이해했다' → '우리 아빠 대단해'와 같은 과정이 반복되면 부모를 존경하는 마음은 길러줄 수 있을지 몰라도 아이의 호기심은 키워줄 수 없다. 의문이 너무나도 간단하게 풀리기 때문이다. 아무런 노력 없이 풀린 의문은 지식으로 쌓이기 어렵다.

가령 아이가 "미국은 어디에 있어요? 얼마나 커요?"라고 물었다고 치자. "바다 건너"라고 대답해주는 것은 정말 쉽다. 아이도 일단 이해한다. 그런데 '미국의 위치'가 지식으로 확실히 뿌리내렸을까?

이럴 때는 '지구본에서 찾아보자'고 말하자. 그러면 아이는 지구본을 들고 와서 미국이 어디인지 다시 물을 것이다. 이때 지구본을 빙 돌리면서 "자, 여기가 미국이야. 그리고 여기가 우리나라지"라고 가르쳐준다. 그러면 아이는 "우리나라랑 이렇게 멀리 떨어져 있어요?", "우리나라랑 미국 사이에 이렇게 넓은 바다가 있구나", "미국은 우리나라보다 훨씬 넓네", "주위에 이런 나라들도 있구나"라며 다양한 지식을 단숨에 입력한다.

사내아이의 지적 호기심을 자극하는 법

부모는 만능이 아니다. 아이 눈에 '아빠는 모르는 게 없는 존재'로 보일지 모르지만, 사실 부모 역시 관심 분야 외에는 잘 모르는 것이 더 많다. 그러나 아이는 가차 없이 질문한다. 이럴 때 적당히 둘러대거나 허풍을 떠는 사람도 있지만 대부분은 '모른다'고 솔직하게 대답할 것이다.

그런데 '아빠는 모르는 게 없다'고 믿는 아이에게 '모른다'고만 대답하면 '아빠도 모르는 게 있구나'로만 끝나버린다. 한 걸음도 앞으로 나아가지 못하는 것이다. 이럴 때는 "아빠도 잘 모르겠네. 우리 같이 조사해볼까?" 하고 유도해보는 것이 좋다. 만일 같이 찾아볼 시간이 없다면 아이 혼자서 찾아보게 하자. 이때 단순히 찾아보라고 말만 하지 말고 도감이나 책, 인터넷 등 찾아볼 수 있는 방법을 가르쳐준 뒤에 "내 생각에는 ○○일 것 같은데, 정확한 건 네가 알아보는 게 좋겠다"라고 말한다. 이렇게 하면 아이에게 찾아보고 싶은 의욕과 호기심이 생길 수 있다.

아이가 혼자 힘으로 궁금증을 풀기란 매우 어렵다. 어쩌면 도중에 부모에게 도움을 청할지도 모른다. 하지만 혼자서 노력한 끝에 '정답'을 알아냈을 때 아이의 마음은 스스로 알아냈다는 기쁨과 자랑스러움으로 벅차오른다. 공부의 묘미는 몰랐던 것을 알게 되었을 때 느끼는 희열에 있다. 일상생활에서 깨달음의 기쁨을 맛본 아이는 공부에서도 깨닫는 기쁨을 쉽게 맛본다. 그래서 공부를 잘하게 되는 것이다.

똑똑한 아이로 키우는 데 부모가 반드시 똑똑할 필요는 없다. 그보다는 아이의 지적 호기심을 자극하고, 사물을 탐구하는 즐거움을 자연스럽게 배울 수 있는 환경을 만들어주는 것이 중요하다. '모르는 게 없어서 아이에게 존경받는 부모'는 부모가 생각하는 이상형일 뿐이다. 그것은 단순히 부모의 자기만족, 그 이상도 이하도 아니다. '모르는 게 없는 부모'는 아이의 호기심을 자극하여 똑똑한 아이로 키울 기회를 빼앗는다는 사실을 명심하자.

09

아들을
100% 다 믿지 마라

흔히 '부모는 자식을 믿어야 한다'고 말한다. 자기 자식을 믿고 싶은 것은 부모로서 당연한 마음이다. 그러나 부모 자신도 알겠지만 사람은 누구나 거짓말을 한다. 자신의 처지가 불리해졌을 때 열심히 변명을 하다가 자기도 모르게 거짓말을 한 경험은 누구나 있을 것이다. 이 세상에 '하늘을 우러러 한 점 부끄러움이 없다'고 자신할 수 있는 성인군자가 과연 몇이나 될까?

아이도 마찬가지다. 아무리 솔직하고 착한 아이도 자기도 모르게 나쁜 일을 저지를 때가 있다. 특히 사내아이는 여자아이보다 호기심이 많기 때문에 사소한 잘못을 잘 저지른다. 또 여자아이처럼 '해선 안 되겠다'는 것을 직감으로 느끼지 못하기 때문에 충동을 억제하지 못한다. 그러므로 사내아이는 여자아이보다 사소한 잘못을 저지를 확률이 높다는 걸 처음부터 인정해야 한다.

만일 아이가 사소한 잘못을 저지른 뒤에 솔직하게 고백한다면 참으로 다행이다. 그러나 아이가 늘 자기 잘못을 먼저 인정하고 용서를 구하는 것은 아니다. 가령 정직하게 말하라고 해도 부모의 태도가 너무 진지하면 '아무래도 큰일을 저지른 것 같다', '나쁜 일을 했으니까 틀림없이 벌 받을 거야'라고 생각해서 거짓말을 할 때도 있다. 이처럼 분명 나쁜 짓을 한 것 같은데 아이는 아니라고 잡아뗄 때 부모는 어떻게 해야 할까?

앞에서 얘기한 '부모는 아이를 믿어야 한다'는 주장에 따르면, 아이가 아니라고 부정해도 그 말을 믿어야 한다.

거짓말 하는 사내아이를 상대하는 기술

아이의 눈을 들여다보면 거짓말인지 아닌지 금방 알 수 있다고 자신하는 부모도 있다. 그 말이 사실이라면 존경스럽다. 그런데 이렇게 말하는 부모는 아이를 매우 엄하게 대하는 경우가 많다. 아이가 거짓말을 하거나 나쁜 짓을 저질렀다는 사실을 알면 매우 무섭게 야단친다. 이렇게 혼이 난 아이는 차츰 자신이 한 일이 들통 나지 않도록 숨기고, 한번 내뱉은 거짓말은 끝까지 우기는 습성이 생긴다.

우리 아이가 상대를 똑바로 쳐다보면서 거짓말하는 뻔뻔한 사람으로 자라지 않기를 바란다면, '거짓말은 절대로 하면 안 된다'고 지나치게 강요하는 것은 좋지 않다. 자칫하면 오히려 역효과를 부를 수도 있다는 사실을 늘 기억하자.

아이가 나쁜 짓을 저지른 것 같은데 아이는 아니라고 잡아뗄 때(사실 이럴 때가 제일 어렵다), 무턱대고 아이의 말을 믿는 것은 좋지 않다. 아이를 무조건 믿으면 아이는 마음속으로 '적당히 둘러대면 된다'고 생각하기 쉽다. 그리고 적당히 둘러대도 별 탈 없이 넘어가는 일이 많아지면 아이는 남을 잘 속이는 사람으로 자란다.

가령 부모는 사준 기억이 없는데 아이가 과자를 먹고 있다고 치자. 어디서 났느냐고 물어보니 '○○네 엄마가 사줬다'며 어딘지 석연치 않게 대답한다. 물론 아이의 말이 사실일 수도 있지만 몰래 사 먹었을지도 모른다. 어쩌면 훔쳤을 수도 있다.

이때 아이를 믿어야 한다는 생각에 "그랬구나" 하고 넘어가면 안 된다. 이것은 아이를 정직하게 키우려는 노력을 포기하는 것과 같다. 그렇다고 처음부터 "거짓말하지 마. 솔직히 말해" 하고 추궁하는 것은 더욱 나쁘다. 그러면 아이가 비뚤어지기만 한다.

이럴 때는 먼저 확인부터 한다. "어머, 그랬니? 그러면 ○○네 엄마한테 고맙다고 전화를 해야겠구나"라고 말한다. 또 날마다 숙제가 있다는 것을 아는데도 오늘따라 숙제가 없다고 한다면 "날마다 숙제를 내주시던 선생님이 왜 오늘은 안 내주셨을까? 왜 그런지 아니? 네가 모른다면 ○○한테 물어봐야겠다"라고 슬쩍 말을 꺼내보자.

이처럼 진위가 분명치 않은 일이 일어났을 때, 부모는 '반드시 사실 관계를 확인해야 믿겠다'는 태도를 보여야 한다. 그래야 아이도 '분별없는 짓은 하면 안 되겠다'고 긴장한다. 이렇게 자란 아이는 어른이 되어도 '나만 좋으면 상관없다'는 생각을 하지 않는다.

아이가 사회에 해를 끼치는 인간이 되지 않도록 하려면 부모는 가슴에 '아이를 100% 믿으면 안 된다'는 말을 새겨두어야 한다.

외동딸보다 위험한
외동아들

\/\/\/\/\/\/\/\/\/\/\/\/\/\/\/\/\/\/\/

'외동'이라고 말할 때 "어머, 그럼 쓸쓸하겠네요"라는 소리를 듣는 것도 이제는 옛말이다. 요즘은 저출산으로 외동이 아주 흔해졌고, 오히려 '셋 이상'이 드문 시대가 됐다. 따라서 부모와 자녀의 관계도 예전과 많이 달라졌다. 자식을 많이 낳던 시대에는 부모의 큰 기대를 받으며 자란 첫째와 그렇지 않은 형제들 사이에 여러모로 격차가 벌어졌다. 부모가 아이들을 모두돌봐줄 수 없었기 때문에 아이들은 그야말로 알아서 크고 알아서 자립해야 했다. 그러나 아이를 하나만 낳게 되면서 상황이 달라졌다. 부모는 하나밖에 없는 아이에게 모든 기대를 건다. 외동을 향한 엄마의 사랑과 정성은 옛날 부모의 그것과는 비교할 수도 없을 만큼 강력해졌다.

외동딸을 둔 엄마는 함께 쇼핑하고, 콘서트에 가고, 또 옷이나 핸드백을 서로 빌려주는 '친구 같은 모녀 관계'를 바란다. 요즘은 이처럼 자매나 친구처럼 친한 모녀를 자주 볼 수 있다. 엄마는 비록 늙어가지만 어린 딸과 함께 시간을 보내면서 젊음을 되찾는다.

딸에게도 엄마와 '사이좋은 관계'를 유지하는 것은 자신이 아이를 낳았을 때 엄마의 도움을 받을 수 있다는 큰 이점이 된다. 그러나 '친구 같은 모녀 관계'가 지나치면 각자 독립된 인격체로 홀로 서기 어렵다는 문제가 있다. 엄마는 이 점을 분명히 깨달아야 한다.

외동아들과 엄마 사이에는 그보다 좀 더 위험한 문제가 있다. 외동아들을 둔 엄마는 외동딸을 둔 엄마 이상으로 아이에게 집착한다. 너무 잘해준다고 해야 할까? 날마다 입을 옷을 골라주고, 옷 갈아입는 것을 도와주고, 외출이라도 할라치면 신발까지 신겨준다. 몸을 아끼지 않는 엄마의 헌신은 외동딸보다 외동아들인 경우에 더 심하다.

태생적으로 남자에 비해 여자가 꼼꼼하기 때문인지 원래

남자들은 다 그렇다고 엄마가 믿기 때문인지 아니면 그 양쪽이 다 복잡하게 얽힌 결과인지 알 수는 없지만, 확실히 아들이 딸보다 야무지지 못한 것도 사실이다.

그래서 외동아들을 키우는 엄마는 아이가 어릴 때부터 지나치게 간섭한다. 아들이 조금 커서 거친 놀이를 할 때면 '남자애들은 원래 저렇게 흙에서 뒹굴면서 크는 거야'라고 받아들이는 부모보다 '그런 놀이를 하면 안 돼'라며 아들의 본능을 금지하는 부모가 더 많다. 그 결과 아이는 무슨 일이든 엄마의 허락 없이는 스스로 해결하지 못하는 마마보이가 된다. 마마걸보다 마마보이라는 말이 익숙한 것도 이 때문이다. 그리고 마마보이의 문제점은 사춘기에 접어들면서 심각해진다.

거세당한 남자로 성장시키지 마라

사춘기를 맞이한 아들은 그야말로 '성욕 덩어리'다. 여성은 이해하기 어렵겠지만 이 무렵 사내아이의 머릿속은 온통 '어쨌든 배설하고 싶다!'는 충동으로 가득 찬다. 조숙한 아이라면 여자친구를 사귀어서 첫 경험을 할 수도 있지만 그런 일은 드물다.

대부분 야한 책을 숨겨놓고 보거나 인터넷 성인 사이트를 찾아서 스스로 해결한다. 그런데 아들을 지나치게 간섭하는 엄마는 이런 자위 도구를 샅샅이 찾아낸다. 아이 방을 청소할 때뿐만 아니라 마음대로 침대 밑도 뒤지고 컴퓨터도 켜본다.

이때 이상한 물건을 발견하더라도 즉시 제자리에 갖다 두는 센스 있는 엄마라면 상관없지만 오랫동안 아이를 마마보이로 길들일 만큼 간섭이 심한 엄마라면 "이게 뭐니? 너 변태 아니야?"라면서 아이를 차갑게 노려본다. 엄마의 이런 행동은 아이에게 트라우마(정신적 외상)로 남는다. 자칫하면 정상적인 성생활을 못하는 남자로 성장할 수도 있다. 아이는 자위 충동을 느낄 때마다 '엄마 몰래 숨어서 해야 하는 나쁜 짓'이라는 생각을 하게 된다.

자위는 건강한 남자라면 누구나 경험하는 이른바 '생리 현상'이다. 더구나 사내아이에게는 '어른이 되어간다'는 자각이 싹트는 계기가 된다. 엄마가 사내아이의 본성은 이해하지 못한 채 간섭만 하면 둘 사이에 '비극'만 될 뿐이다. 엄마이기 때문에 그저 지켜볼 수밖에 없을 때도 있다는 것을 명심하자.

또 한 가지 비극은 엄마가 자기 마음대로 행동할 때 일어난다. 그날그날 기분에 따라 달라지는 엄마 말이다. 어제는 웃으면서 넘어가던 일도 오늘은 마귀처럼 화를 내며 벌을 준다. 형제가 많으면 피해가 분산되지만 외동이라면 혼자서 받아내야 한다. 그 결과 아이는 '엄마 말을 거역하면 큰일 난다. 내 의견을 말하는 건 상상조차 할 수 없는 일'이라고 생각해서, 그야말로 거세당한 남자로 자란다.

눈치 빠른 아이는 그 자리에서만 '네네' 하면 된다는 요령을 터득해서 제 또래의 제멋대로인 여자아이도 잘 다루는 인기 있는 남자가 되기도 하지만 그런 일은 극히 드물다. 엄마에게 대들지 못하는 아들은 사물을 논리에 맞게 따지기보다 '일단 견디고 보자'는 생각부터 하기 때문에 자아가 바로 서지 않은 남자로 자랄 가능성이 크다.

외동아들을 키운다면 절대로 허락할 수 없는 일 이외에는 가능한 한 간섭하지 않는 것이 좋다. 마마보이에게 매력을 느낄 여자는 없다는 사실을 누구보다 엄마 자신이 잘 알고 있을 테니까.

집안일을 시키면
공부에 요령이 생긴다

아직도 '아들에게는 집안일을 시키고 싶지 않다'는 시대에 뒤떨어진 생각을 하는 부모가 있다. 남존여비 사상이 지배하던 시대는 지났다. 이제는 남자도 가사 능력이 필수인 시대다.

"아들에게 집안일을 시키면 오히려 번거롭다. 바쁜데 거치적거리느니 차라리 내가 하고 만다"라고 말하는 부모도 많다. 프로 주부일수록 더 그렇다.

그러나 지금은 남자도 부엌에 들어가야 하는 시대다. 주부라면 누구나 '집안일 도와주는 남편'을 꿈꾸었을 것이다. 최근에는 '가끔 집안일을 거드는 남자'로는 부족하고, '앞장서서 집안일을 하는 남자'가 이상적인 남편감으로 급부상하고 있다는 사실을 알고 있는가? 남자도 자신 있는 요리 하나쯤은 있어야 여자에게 사랑받고, 감히 결혼도 꿈꿀 수 있다. 앞으로 남자에게 가사 능력은 행복한 인생을 보내는 데 빼놓을 수 없는 조건이 된다는 사실을 부모는 확실히 인식해야 한다.

아이에게 집안일은 언제부터 가르치면 좋을까? 혼자 살면 하기 싫어도 할 텐데 서두를 필요가 있느냐고 말하는 부모도 있지만, 그때는 너무 늦다. '본격적으로 공부를 시작하는 중학생이 되기 전부터'가 좋다.

그렇다고 처음부터 음식을 만들게 하거나 청소를 하라고 요구하는 것은 무리다. 우선은 자기 일부터 스스로 하게 한다. 예를 들어 아이가 어리다면 옷 갈아입기나 벗은 옷 개기, 외출할 때 스스로 외투를 입고 신발 신기 정도다. 자기 할 일을 알아서 하게 되면 어떤 일이든 마음먹은 대로 정확히 마무리 짓는 습관이 생긴다. 이 습관은 공부에도 큰 도움을 준다.

가령 예습, 복습이나 시험공부를 할 때 '오늘은 여기까지 해야지', '몇 시까지 정한 범위를 끝내야지' 하고 스스로 결정하고 빈틈없이 끝내는 습관이 붙는다. 이것을 못하면 결국 부모가 '숙제해라', '공부해라' 잔소리를 늘어놓아야 한다. 자기 일을 스스로 할 줄 알게 되면 이제 집안일을 돕게 하자.

요리는 사내아이의
호기심과 탐구심을 불러일으킨다

수저나 그릇 놓기, 식사가 끝난 뒤에 빈 그릇 옮기기처럼 간단한 일부터 시작해서 차츰 설거지, 걸레질 등 아이의 나이와 능력에 맞추어 단계별로 집안일을 돕게 한다. 집안일을 해본 사람은 알겠지만, 집안일은 결코 쉽지 않다. 텔레비전을 보고 싶은 아이에게 식탁 정리를 하는 것은 고통스러운 일이다.

　그러나 아무리 하기 싫어도 내버려둘 수 없는 것이 집안일이다. 그런 집안일을 아이에게 시키면 아이는 '어떻게든 빨리 끝내고 내가 하고 싶은 일을 해야지' 하고 생각한다. 그러면서 아이 나름대로 빨리 끝낼 수 있는 방법을 찾는다. '빠른 시간 내에 하기 싫은 일을 해치우는 요령'은 싫어하는 과목을 공부할 때 진가를 발휘한다.

　그릇을 빨리 정리하기 위해 터득한 그릇 분류법은 많은 영어 단어를 외울 때 도움이 된다. 이처럼 집안일을 잘하는 아이는 효율적인 공부법을 쉽게 찾아낸다. 집안일을 돕는 범위가 한 단계 높아져 요리까지 할 줄 알게 되면 아이의 능력은 더욱 향상된다.

요리만큼 놀라운 체험을 많이 할 수 있는 집안일은 없다. 음식에 양념을 할 때도 양념을 넣는 순서가 있다. 그 순서에는 설탕과 소금 알갱이의 크기와 관계가 있다는 과학실험과 연결되는 재미도 숨어 있다. 이런 살아 있는 체험은 나중에 과학 원리를 이해하는 데 도움이 된다. 이처럼 집안일을 하면 살아가기 위한 기술을 습득할 뿐만 아니라 학습 능률까지 높일 수 있는 일거양득의 효과가 있다.

요리에 익숙해지면 아이는 '원래는 간장으로 맛을 내지만 카레 가루를 넣으면 어떨까?' 하고 궁리하기 시작한다. 뜻밖에 맛이 좋으면 또 다른 쪽으로 머리를 짜내고, 실패하면 실패한 대로 다른 방법을 찾아 또 다른 궁리를 한다. 이처럼 요리는 아이의 호기심과 탐구심을 불러일으켜 공부하는 데도 큰 도움을 준다.

아이에게 다양한 발상을 이끌어내게 하려면 무엇보다 부모의 태도가 중요하다. 도와줘서 고맙다는 인사는 물론이고 "엄마는 초등학생 때 못했던 일인데, 정말 대단해!"라는 칭찬도 잊지 않아야 한다. 그러면 아이는 더 잘하고 싶은 마음에 더 많은 궁리를 할 것이다.

사내아이만 가진
숨겨진 장점을 살려라

지금은 아이를 적게 낳는 시대다. 이 책을 읽는 엄마들도 외동딸이거나 언니나 동생이 한 명, 혹은 남자 형제가 있다고 해도 오빠나 남동생 중 한 명인 경우가 대부분일 것이다. 다시 말해 본인이 아들을 낳기 전까지는 가까이서 사내아이의 고추를 본 적이 없는 사람이 많다는 얘기다.

재미있는 질문을 해보자. 땅에 자기 오줌으로 반지름이 2미터가 넘는 큰 원을 눈 깜짝할 사이에 그릴 수 있을까? 또 자기 키보다 높은 담 너머로 오줌을 눌 수 있을까? 아니면 지름 2

센티미터인 구멍에 대고 오줌을 눌 수 있을까?

사내아이는 너무나도 간단하게 그런 일들을 할 수 있다. 사내아이라면 누구나 그렇다. 그것은 성기가 몸 밖으로 나와 있는 독특한 구조 때문이다.

사내아이는 오줌을 눌 때 어느 쪽으로 누면 좋을지 판단한다. 동시에 자기 손으로 고추를 잡고 원하는 쪽으로 정확히 일을 본다. 순전히 자기 판단에 따른다. 변기에 오줌을 잘 흘리지 않고 누게 된 아이라면 충분히 할 수 있는 일이다. 사내아이에게 오줌 누기는 자기를 조절하는 법을 배우는 첫걸음이다.

그런데 '바람이 안 불어도' 고추는 언제나 흔들거린다. 이 때문일까, 사내아이는 자신도 깨닫지 못하는 사이에 기가 흩어지기 쉬운 특성이 있다. 사내아이는 가만히 있지를 못한다. 자신을 억제시키지 못하고 돌아다닌다. 산만하고 충동적이라서 순식간에 사고를 친다. 엄마가 아무리 주의를 줘도 도통 말을 듣지 않는다. '지칠 줄 모르는 아이처럼'이라는 말은 사내아이를 두고 하는 말일 것이다.

항상 여기저기 분주하게 옮겨 다니며 놀지, 진득하게 앉아 있는 법이 없다. 너무 산만한 큰아들에게 지친 나머지 아버지께 푸념을 늘어놓은 적이 있다. 그러자 아버지는 "그런 말 마라. 너는 얘보다 백배는 더 산만했다"라고 말씀하셨다.

사내아이는 충분히 놀아야 한다

'들어가는 말'에서도 이야기했지만 까불까불 나대는 이 에너지
야말로 사내아이에게 없어서는 안 될 가장 중요한 힘이라고 생
각한다. 나는 이것을 '고추의 힘'이라고 부른다.

고추의 힘은 재미를 추구하고, 찾고, 발견하고 실행하게 한
다. 그리고 그 과정에서 멋진 아이디어를 얻는다. 고추의 힘은
남자의 모든 창조의 근원이자 에너지의 원천이다. 고추의 힘이
있기에 남자는 재미있는 일을 생각해낸다. 그리고 고추 때문에
늘 마음이 흐트러져서 무의미한 일을 되풀이하기도 한다.

사실 사내아이들은 이러한 특성 때문에 '산만하다'는 이유
로 야단을 많이 맞는다. 하지만 한시도 가만있지 못하는 아들
에게 가만히 있으라고 야단치는 것은 고추를 떼어버리라고 하
는 것과 같다.

사내아이를 기르면서 고추가 없었으면 좋겠다고 바라는
가? 사내아이를 이해 못하는 사람은 엄마뿐이 아니다. 학교 여
선생님도 마찬가지다. 남자 형제가 없는 여자들은 사내아이의
고추를 제대로 이해하지 못한다. 그래서 사내아이들이 가만히
있지 못하는 것을 용납하지 않는다. '아, 어째서 사내아이들은
저 모양일까?' 이렇게 생각하는 사람은 아직 고추의 힘을 잘 모

르는 사람이다.

남자들에게는 대부분 '산만하다'는 특성이 있다. 책상 앞에 앉혀놓아 봤자 오랫동안 얌전히 있지 못하는 것은 고추의 힘이 움직이라고 지령을 내리기 때문이다. 이것이 보통 사내아이의 모습이다. 그러므로 사내아이를 키울 때는 억지로 책상 앞에 앉혀두기보다는 차라리 충분히 에너지를 발산하게 도와주는 것이 좋다. '침착하지 못하다'고 한탄할 필요는 없다. 오히려 건강하고 남자답다고 기뻐해야 할 일이다. 예를 들면 산책 나간 개가 물 만난 물고기처럼 까불대며 짖는 모습을 보면서 자기도 모르게 입가에 웃음이 번지는 주인처럼 말이다.

예전에는 집 밖으로 한 발자국만 나가도 죄다 자연이요, 놀이터였다. 주택가 골목을 달리는 자동차도 없었다. 그런데 지금은 안전하게 놀 만한 장소가 고작해야 학교 운동장 정도다. 일본의 경우 최근 50년 동안 도심에서 아이들 놀이터가 50분의 1 이하로 줄었다고 한다. 여기에다 변태적인 사건까지 겹쳐 밖에서 무리지어 노는 아이들이 오히려 눈치를 봐야 하는 실정이다. 아이들이 마음 놓고 뛰놀 공간이 정말 없다.

이래서는 사내아이들이 제대로 클 수 없다. 그러므로 어른들은 무엇보다 아이들이 맘껏 뛰놀 수 있는 놀이터 환경부터 정비하는 데 힘을 아끼지 말아야 한다.

교육 환경 컨설턴트로 활동하면서 깨달은 경험에서 깨닫게 된 사실은 사내아이를 제대로 된 남자로 키우려면 먼저 충분히 놀게 해야 한다는 것이다. 다른 방법은 없다. 시험공부는 그다음이다. 그런 환경은 우리 어른들만이 마련해줄 수 있다. 사회 전체가 한뜻으로 아이들이 마음 놓고 놀 수 있는 환경을 만들어줄 때, 아이들은 나라의 장래를 짊어질 건강한 일꾼으로 자란다.

사내아이가 공부를 잘하게 되는 힘의 원천

도시화가 이루어지면서 사내아이들이 오줌을 눌 장소는 눈에 띄게 줄어든 반면, 양변기 사용은 급격히 늘었다. 양변기는 사내아이에게 올바른 고추 조절법을 가르쳐줄 수 있는 좋은 도구가 된다.

양변기에는 '벽'이 없다. 그 대신 물웅덩이 안에 누는 구조다. 양변기를 이용할 때는 물이 튀지 않게 고추를 잘 잡고 무릎의 반동을 이용하여 변기와 물의 접점에 누는 기술이 필요하다. 오줌을 다 눈 다음에는 반드시 물도 내려야 한다.

과외 교사를 해본 경험상 화장실에서 지린내가 나는 집의 아이는 대부분 어떤 일도 깔끔하게 끝내지 못했다. 오줌을 잘 못 누었을 때 뒤처리까지 철저하게 하는 교육을 받지 못했기 때문이다.

남자아이는 오줌을 누면서 까불어도 될 때와 얌전히 있어야 할 때를 자연스럽게 알게 된다. 오줌을 누면서도 계속 산만한 아이는 평소에도 그러기 쉽다. 그러므로 아이가 오줌을 잘 눌 수 있도록 어릴 적부터 가르쳐야 한다. 이것은 아버지가 모범을 보이면 좋다.

최근 화장실을 더럽히지 않기 위해 사내아이한테 앉아서 소변을 보도록 가르치는 가정이 있는데, 이건 말도 안 되는 소리다. 사내아이의 특성을 전혀 이해하지 못한 행동이다. 화장실 청소의 수고를 교육보다 우선하면 안 될 것이다.

늘 그렇게 가만있지 못하던 사내아이들도 열두 살, 열세 살 나이를 먹으며 음모가 난다. 성기에 오줌 누는 것 이외에 또 다른 기능이 있다는 사실을 알게 되면 저절로 점잖아진다. 이 나이가 되어서도 여전히 까불거리고 나댄다면 보통 일이 아니다. 아주 모자라는 바보든지, 아니면 장래에 큰일을 할 인물이다. 여하튼 점잖아진 내면에서는 엄마는 모르는 엄청난 일이 벌어진다. 오랫동안 여기저기 돌아다니면서 쌓은 경험이 본격적으로 호기심과 창조성을 발휘할 준비를 하는 것이다.

이것이야말로 사내아이가 공부를 잘하게 되는 힘의 원천이다. 어떤 일도 끈기 있게 물고 늘어지는 집념의 근원이다. 지금까지 겪은 이런저런 체험들이 어려운 문제에 부딪혔을 때 문제를 해결하는 열쇠가 된다. 충분히 놀아본 아이는 어려운 일에 부딪혔을 때 포기하지 않고 끈기 있게 노력한다. 공부도 스스로 알아서 하기 때문에 옆에서 시끄럽게 잔소리할 필요도 없다.

이쯤 되면 학원을 포함해 아이의 교육 환경을 정비해주도록 한다. 놀이 감각이 있는 아이는 어느 학원에 보내든 성적이 급상승할 것이다. 단, 국어 능력과 계산력이 부족하면 성적이 가파르게 상승하지 못하므로 이것만큼은 미리 다져두어야 후회가 없다.

이렇게 해서 고추의 힘을 제대로 기른 사내아이들은 마침내 탐구심과 창조력, 업무 능력이 뛰어난, 사회에 도움이 되는 어른으로 자란다. 현대 사회에서 사내아이를 키우면서 가장 놓치기 쉬운 것이 바로 이 '고추의 힘'이다. 이를 놓치지 않기 위해서는 엄마들이 사내아이의 특성을 제대로 이해하고 본성을 죽이지 않도록 지도해야 한다. 과정이 결코 쉽지는 않겠지만 열매는 지극히 달콤할 것이다.

게임을 보상으로 삼으면
중독에 빠진다

∨∖∨∖∨∖∨∖∨∖∨∖∨∖∨∖∨∖∨∖∨∖∨∖∨∖∨∖

1972년 미국에서 세계 최초로 가정용 게임기가 탄생했다. 일본에서 가정용 게임기가 폭발적으로 보급되기 시작한 건 11년 뒤인 1983년 닌텐도 패밀리 컴퓨터, 일명 '패미컴'의 등장이 계기였다. 지금 자녀교육에 골머리를 앓는 세대는 말하자면 패미컴 세대라고 할 수 있겠다.

패미컴이 등장하고 아이들의 놀이는 크게 변화했다. 밖에서 놀던 아이들이 대부분 집에 틀어박혀 게임만 하기 시작했다. 그러나 당시 게임기는 텔레비전에 연결해야만 했기 때문에 '식사해라', '아빠 뉴스 봐야 해'라며 그만두게 할 수 있었다. 또한 '게임은 하루 두 시간만'이라는 규칙을 지키게 하기도 쉬웠다.

하지만 '휴대용' 게임기가 등장하며 부모가 아이를 통제하기 어려워졌다. 게임은 완전히 개인적인 것이 되었고, 아이는 자기 방에 틀어박혀 온종일 게임에 빠져들게 되었다. 이는 2007년 스마트폰이 도입되며 스마트폰 게임이 등장하자 더욱 큰 문제가 되었다.

게다가 최근 주류 게임인 온라인 게임은 옛날 게임과는 성격이 크게 다르다. 온라인 게임은 같은 게임에 로그인한 얼굴도 모르는 불특정 다수와 대전하거나 모험을 떠난다. 이 과정에서 라이벌 관계가 생기거나 우정이 생기기도 한다. 이것이 일종의 고양감을 낳는다. 또한 온라인 게임은 옛날 게임과 달리 '엔딩'이 없다. 때문에 밥도 먹지 않고 잠도 자지 않고 게임을 계속하는 사람이 늘고 있어 사회 문제가 되고 있다.

게다가 2019년 WHO(세계보건기구)는 '게임 중독'을 새로운 질병으로 인정했다. 게임 중독이란 '게임 이용 시간을 통제할 수 없다', '다른 관심사나 일상 활동보다 게임을 우선한다' 같은 증상이 1년 이상 지속되는 것을 뜻한다. 자, 당신의 아이는 재충전을 위해 게임을 하는가, 아니면 게임에 빠져 헤어나지 못하고 있는가?

게임은 최악의 보상이다

누구나 처음에는 기분전환이나 공부에 지친 머리를 재충전하기 위해 가벼운 마음으로 게임을 시작한다. 하지만 게임의 자극과 화면 저편에 있는 '동료'와의 연결에 순식간에 빠져들게 된다. 밥 먹는 것도, 잠자는 것도 잊고, 밤낮이 바뀌기까지 오랜 시간이 걸리지 않는다. 이윽고 아침에 일어날 수 없게 되면 학교도 가지 않아 버린다. 바로 알코올, 약물과 같은 중독이다. 게임에 의존하는 아이는 학업 성취도가 현저히 저하된다.

자녀가 이런 상태가 되어 상담을 신청하는 부모가 더러 있다. 하지만 이 아이들은 약속 시간을 지키지 않는다. 실제로 만나서 질문을 해도 대답을 제대로 하지 못한다는 공통점이 있다. 게임에 의존하는 아이들은 평일에는 7시간, 휴일에는 12시간 이상 게임을 한다. 그동안 그들의 머리는 게임이 계속해서 주는 자극을 받아들이기만 할 뿐 생각하는 것을 멈춘다. 그리고 공부하고 이해한 것들을 필사적으로 잊어버린다.

예를 들어, 2시간 동안 열심히 공부하고 재충전하기 위해 게임을 하는 것은 흔한 광경이다. 하지만 게임에 빠져들면 모처럼 열심히 공부한 내용을 까맣게 잊어버린다. 머리에는 용량 제한이 있어서 게임이라는 강렬한 자극이 들어오면 공부한 내용을 버리고 게임의 정보만을 취한다. 말하자면 미각을 강렬하게 자극하는 패스트푸드를 즐기는 아이는 집밥의 매력을 알 수 없는 것과 같은 이치다.

많은 집에서 "오늘 약속한 공부를 끝내면 게임을 해도 좋다"라고 아이들과 협상한다. 부모에게는 '당근과 채찍'처럼 여겨질지도 모른다. 이 방법에는 문제가 없을까? 내가 알고 있는 한 사례를 소개하겠다.

중학교 입시를 열심히 준비하여 원하는 학교에 합격한 아이가 있었다. 그 아이는 입학 선물로 스마트폰을 받았다. 이후 스마트폰 게임에 빠져들어 통학 중에도, 쉬는 시간에도 틈만 나면 게임을 했다. 집에 와서도 스마트폰을 한시도 놓지 않았다. 밤에도 이불 속에서 게임을 하여 수면 시간이 줄어들었다. 수업 중에 잠을 자는 일이 잦아졌고, 학교 수업을 전혀 따라가지 못하게 되었다. 당연히 시험 점수는 형편없었고 모든 교과목 성적이 떨어졌다.

이런 학생이 좋은 고등학교에 진학할 리가 없다. 수업을 따라가지 못하고 성적은 꼴찌 수준이었기 때문에 인문계 고등학교로 진학하기도 어렵다. 자기가 뿌린 씨앗이라지만, 이 아이에게 공부가 갑자기 재미있어지는 일은 없다. 아이는 더욱더 게임에 빠져들게 된다. 어느새 밤낮이 바뀐 일상이 정착되어

하루 20시간 가까이 게임을 하게 된다.

이런 사람을 '게임 폐인'이라고 하는데, 이 학생은 영락없는 게임 폐인이었다. 참다못한 부모는 여러 번 아이의 스마트폰을 빼앗았다. 하지만 아이는 그때마다 날뛰고, 물건을 던지고, 주먹으로 벽에 구멍을 냈다. 마침내 부모에게 손찌검하여 경찰을 부르게 되었다. 스스로 어떻게 할 수 없다고 느낀 부모는 게임 중독을 치료하는 의료기관에 아이를 입소시켰다. 아직 10대 소년임에도 알코올, 약물, 도박 등에 중독된 사람들과 같은 장소에서 게임 중독을 벗어나는 치료를 받게 된 것이다.

'스마트폰이나 게임기가 있으면 안 하려고 하는 아이는 없다. 부모가 없으면 끝없이 할 뿐이다', '스마트폰이나 게임기가 있으면 전원을 켜는 것 외에는 다른 생각이 나지 않는다'라고 게임 중독에 빠져 있었던 소년은 말했다. 이는 게임 중독이 약물이나 알코올 중독과 차이가 없다는 뜻이다. 그 아이는 '스마트폰은 고등학교 2학년 정도에 가지는 것이 적당하다. 그 이하면 게임에 빠질 수밖에 없다'라고 말했다.

하지만 초등학생 아이에게 스마트폰을 주거나, 크리스마스, 생일 선물 등으로 최신 휴대용 게임기를 주는 부모가 많다. 재충전을 하기 위해, 친구들과 어울리기 위해 등 이유는 다양하지만 이런 행동은 지양하는 것이 좋다. 부모와 연락을 취하기 위해 스마트폰이 꼭 필요하다면 게임 애플리케이션은 다운받지 않아야 한다. 또한 '스마트폰은 방에 가지고 들어가지 않고 거실에서만 사용할 것', '게임은 약속한 시간 외에는 결코 하지 않을 것' 같은 규칙을 정하는 것이 좋다.

만약 이미 스마트폰이나 휴대용 게임기를 사주었고, 게임 중독의 징후가 나타난다면 장기전을 각오해야 한다. 중독 증상이 나타나고 있는 상태에서 스마트폰이나 게임기를 빼앗으면 역효과가 난다. 방금 든 예시는 극단적이더라도, 강한 저항을 받아 부모와 자식 간의 신뢰 관계가 깨질 가능성이 크다.

게임에 사로잡힌 아이를 되찾기 위해서는 자연 체험이 가장 좋다고 확신한다. 실제로 효과를 본 사례가 있다. 자연은 인간의 예상을 훌쩍 뛰어넘는다. 자연은 인간이 임의로 만들어낼 수도, 통제할 수도 없다. 강의 흐름은 일정해 보여도 항상 변화하고 있다. 발판으로 삼기 좋다고 생각한 바위가 이끼투성이라 넘어지기도 하고, 그때 갑자기 하늘을 뒤덮었던 구름이 걷혀 멋진 경치가 펼쳐지기도 한다. 모든 것이 상상을 초월한 세계에서 놀면 오감을 모두 사용하게 된다. 그때 뇌는 최대로 활성화된다. 그중에서도 특히 효과가 큰 것은 '모닥불'이다.

내 아이의 두뇌를 깨우는
모닥불의 힘

나는 40년 넘게 많은 아이를 지도하며 흥미와 성취도를 동시에 올려 입시에서 눈부신 결과를 거두었다. 동시에 나만의 학습법을 개발하고 실천해왔다. 하지만 이런 학습법을 적용하기 전에 인성 문제를 해결해야 할 때가 종종 있다.

도무지 책상에 앉지 않는 아이, 말을 전혀 하지 않는 아이, 표정이 없는 로봇 같은 아이, 자만이 너무 심한 아이, 툭하면 짜증 내는 아이, 폭력적인 행동을 보이는 아이, 게임에 중독된 아이 등은 주입식 학습의 희생양이다. 흥미 없는 내용을 시험에 나온다는 이유로 머리가 터지도록 외우니 호기심도, 감수성도 잃어버린 무감정, 무표정인 재미없는 인간이 탄생한다. 이래서는 지망한 학교에 입학하더라도 그 후의 인생은 매우 참담할 것으로 예상된다. 하루라도 빨리 이 상태에서 벗어나야 한다.

창의력과 행동력이 자라는 모닥불 학습법

이런 아이들에게 '모닥불'이 큰 효과를 발휘한다. '처음으로 모닥불을 경험한 아이는 활력을 되찾고 학업 성취도가 늘어난다'라고 말하면 미심쩍다는 눈빛으로 보는 사람들이 많다. 하지만 내가 제안하는 '모닥불 학습법'은 매우 간단하다. '모닥불을 피울 수 있는 곳으로 가서 모닥불을 피운다'가 내가 제안하는 모닥불 학습법의 전부다. 모닥불이 아이에게 어떻게 좋은 효과를 가져다주는지 자세히 설명하겠다.

과거와는 달리 모닥불 피우기가 법으로 금지된 곳이 많기 때문에 어디서나 모닥불을 피울 수 없다. 하천 부지나 야영장 등 모닥불을 피울 수 있는 장소를 찾아야 한다. 대개 시가지에 그런 장소는 없으니 모닥불을 피우기 위해서는 필연적으로 자연으로 들어가게 된다. 우선 이것이 아이에게 좋은 영향을 준다. 자연은 예측할 수 없는 것들로 가득 차 있다. 그 속에서 아이는 어느새 창의적인 생각을 떠올리게 된다. 모닥불을 피울 터를 만들기 위해 가장 적합한 돌을 찾는 방법 등 창의적인 생각과 발견이 끊이지 않게 된다.

자연 속에서 모닥불을 피우기 위해서는 재료를 찾아야 한다. 잘 마른 풀은 불을 피울 때 필요하다. 불을 피우고 난 뒤 불꽃을 키우기 위해서는 가느다란 마른 가지를 찾아야 한다. 그리고 계속하여 타오르게 하기 위해서는 굵은 장작이 필요하다. 이것들을 캠핑장이나 마트에서 구입할 수도 있지만, 자연에서 발견할 수도 있다. 처음부터 아이에게 이런 일을 시키는 것이 부담스럽다면 부모가 시범을 보이고 아이에게 맡기는 것도 좋은 방법이다.

게임만 하는 아이에게 몸을 움직이는 일은 매우 귀찮은 일이다. 마지못해 따라오기는 했지만 물놀이도, 나무 타기도 관심이 없다. 이런 일은 흔히 일어난다. 하지만 모아온 나뭇가지에 불을 붙이고 불길이 치솟으면 어떤 아이라도 금세 매료될 수밖에 없다.

불꽃은 시시각각 모습을 바꾼다. 우지끈, 하는 소리와 함께 큰 불길이 치솟기도 하고, 순조롭게 타오르다 잠시 눈을 떼면 불꽃이 사그라들 수도 있다. 불을 앞에 두고 호기심이 동하지 않는 아이는 없다고 장담한다.

아이들은 대부분 불을 보면 가만히 있지 못한다. 아무리 관심 없던 아이도 가져온 음식을 나뭇가지에 꽂아 굽기 시작하거나, 더 큰 불꽃으로 만들기 위해 마른 가지를 모아온다.

그런가 하면 아무 말 없이 가만히 모닥불을 바라보는 아이도 있다. 그 아이는 아마 머릿속에서 먼 우주를 유영하고 있을지도 모른다. 이런 아이에게 '기분이 어떠냐?'라고 물으면 이구동성으로 '기분이 좋다'라고 대답한다. 이때 '그러면 게임하고 있을 때는 기분이 어때?'라고 물으면 '시간 낭비야', '바보 같아' 같은 대답이 돌아오기 마련이다.

헛된 암기 학습으로 아이의 뇌는 부모가 생각하는 것 이상으로 지쳐 있다. 흥미도, 보람도 없는 헛된 중노동을 반복하다 보면 '이건 참 좋은 일이니 해야만 한다' 같은 말을 들어도 몸이 움직이지 않는다. 무미건조하고, 전문가가 아니면 사용하지 않을 말을 억지로 머리에 집어넣는 일을 반복하면 깊은 사유를 통해 탄생하는 기발한 표현은 더 이상 떠오르지 않는다. 오히려 '쓸데없이 겉멋만 든 표현'이라고 판단하게 된다. 암기에만 몰두한 아이가 호기심과 감수성을 잃고 로봇처럼 끄덕이기만 하는 이유가 여기에 있다.

하지만 열을 내며 타오르는 모닥불을 지켜보면 점점 머릿

속이 개운해진다. 모닥불이 뇌의 피로를 풀어주는 것이다. 불꽃을 보고 있으면 걷잡을 수 없는 생각이 떠오르기 시작한다. 주위에 있는 사람들과 평소에 하지 않던 깊은 이야기를 나누게 된다. 나는 이 상태를 '두뇌 활성화'라고 부른다.

모닥불은 지친 뇌를 치유한다

우리의 조상이 불을 발견한 이래로 인간은 늘 불과 함께했다. 칠흑 같은 어둠 속 외적으로부터 생명을 지키기 위해 조상들은 모닥불을 둘러싸고 불길을 바라보며 휴식을 취했다. 그리고 불이 꺼지지 않도록 마른 가지를 지피며 여러 이야기를 나누었다. '전기'가 이 역할을 대신하는 오늘날에 '불'을 볼 기회는 점점 없어지고, 태어나서 가스레인지 외에는 불을 본 적이 없다고 말하는 아이가 있다고 해도 이상하지 않은 시대가 되었다. 실제로 성냥으로 불을 켜본 적이 없다는 20대가 많다.

　하지만 현대인에게도 하루의 끝자락에 모닥불을 둘러싸고 불을 바라보며 하루를 마무리하는 기억은 심연 속에 잠들어 있다. 그 기억이 피로에 지친 뇌를 활성화하고 다시 활기차게 일할 계기를 만든다. 시시각각 변하는 불꽃의 모양, 장작이 탁탁

거리는 소리, 매캐한 연기 냄새, 얼굴을 따뜻하게 감싸는 열기, 모닥불에 구운 고기의 맛과 같이 일상에서는 잠들어 있는 오감을 자극한다는 점이 모닥불의 큰 매력 중 하나이다. 모닥불은 이렇게 두뇌를 구석구석 자극한다. 이는 학업 성취도의 향상으로 이어진다고 나는 확신한다.

앞서 말한 바와 같이 모닥불은 도시에서는 쉽게 경험하기 어렵다. 캠핑이나 낚시처럼 자연으로 나가야 한다. 일주일에 한 번, 아니 몇 달에 한 번이라도 좋다. 가족끼리 자연으로 나가 모닥불을 피우는 시간은 '자녀 교육을 위해 필수적인 시간'으로 확보해야 한다. 아이와 부모 모두에게 일상의 스트레스를 해소한다는 말로는 부족한 효과를 가져올 것이다. 자녀교육뿐만이 아니라 부모의 더 나은 삶을 위해서라도 모닥불을 피우길 바란다. 분명히 더 나은 삶을 가져다줄 것이라고 확신한다.

PART 2
상위권 아이들의 유년기는 이것이 다르다

부모가 고학력이고 명문대학 출신일수록

상위 학교 입학을 목표로 아이를 몰아가는 예가 많다.

아버지가 명문 대학을 나온 경우는 더욱 심해서

아이가 어릴 때부터 학원에 보내고 고액 과외를 시키는 등

오로지 일류대 합격만을 목표로 아이를 다그친다.

소년 시절을 잃어버린 아이는 자라서 사회에 적응하지 못하는

은둔형 외톨이나 니트족이 되어버린다.

01

학원을 맹신하면
아이를 망친다

부모들의 초등학교 시절을 떠올려보자. 지금 부모 세대 중에서 '어려서부터 집안일을 돕느라 바빴다'든지 '동생들을 돌보느라 친구들과 놀 시간이 없었다'고 말하는 부모는 그다지 많지 않을 것이다(만일 그런 어린 시절을 보냈다면 얻기 힘든 귀중한 체험을 했다는 의미다. 그런 사람은 틀림없이 현재 풍요로운 삶을 살고 있을 것이다). 아마 대부분 학교에서 돌아오자마자 현관 앞에 책가방을 던져놓고 그대로 나가 놀다가 주위가 어둑어둑해질 때쯤에야 집에 들어갔을 것이다.

그렇다면 여러분의 자녀는 어떤가? 부모가 그랬던 것처럼 집에 오자마자 가방만 두고 밖에 나가 노는가? 혹시 책가방을 내려놓자마자 학원으로 달려가는 것은 아닌가?

요즘은 보습학원에 다니는 초등학생이 무척 많아졌다. 허둥대며 학교에서 돌아와 간단히 간식을 먹고 부랴부랴 셔틀버스를 타고 학원에 간다. 주위가 컴컴해지고 난 뒤 집으로 돌아오면 서둘러 저녁을 먹고 잠자리에 들기 전까지 학교와 학원에서 내준 숙제를 한다. 요즘은 이렇게 바쁘게 지내는 아이가 적지 않다(그렇지 않으면 방에 처박혀서 컴퓨터 게임을 하느라 몇 시간씩 꼼짝도 하지 않는다).

부모들 중에는 '일류대학에 가려면 반드시 학원에 다녀야 한다'고 믿는 사람이 많다. 하지만 앞에서도 이야기했듯, 아이가 공부를 잘하길 바란다면 친구들과 어울려 노는 일을 소홀히 여겨서는 안 된다. 그런데 학원에 다니다 보면 친구들과 충분히 놀 시간이 없다.

주위에서 '아이가 시험을 망치면 정신적인 충격을 받는다'는 이야기를 들은 부모는 불안해지게 마련이다. 그래서 아이가 시험을 잘 칠 수 있도록 좋은 학원에 보낸다. 그러나 실제로 아이에게 더 큰 문제는 공부하느라 놀 시간이 없어서 남과 사귀는 법이라든지 인생의 즐거움을 깨닫지 못하는 데에 있다.

또 아이가 ○○학원만 들어가면 성적이 좋아질 거라며 특정 학원을 맹신하는 부모도 있다. 확실히 유명 학원은 광고도 많이 하고 합격률도 높기 때문에 이름만 들어도 믿음이 간다. 그러나 이런 부모는 중요한 점을 놓치고 있다.

유명 학원은 대부분 광고 문구에 '○○대학 ○명 합격'이라는 식으로 유명 학교 진학률을 선전한다. 밤낮으로 자녀의 진로 문제를 고민하는 부모에게 이런 광고는 '이 학원이라면 우리 아이를 원하는 학교에 넣어줄 것'이라는 믿음을 심어줄지 모른다. 그러나 이것은 어디까지나 선전 문구일 뿐이다.

예를 들어 다이어트 식품 광고에 살을 몇십 킬로그램이나 뺀 사람이 등장하는 것과 같다. 물론 몇십 킬로그램의 살을 뺀 사람이 있겠지만 너무나도 가혹한 식사 제한과 엄청난 양의 운동을 감행했음을 상상할 수 있어야 한다. 실제로는 살을 빼지 못한 사람이 훨씬 더 많을 것이다.

학원 산업의 희생자가 될 것인가?

학원도 마찬가지다. 분명 일류 학교에 합격한 아이도 있겠지만 그 뒤에는 가혹한 주입식 교육을 감행해야 하고, 수많은 탈락

자도 있다는 사실을 알아야 한다. 그러나 부모들은 대부분 '낙오자가 되지 않기 위해서는 학원에 다녀야 한다'는 생각에 더욱더 아이를 몰아세운다. 나는 이런 부모를 만날 때마다 '학원 산업의 희생자'라는 생각을 금할 수가 없다.

학원은 이익을 추구하는 한낱 기업일 뿐이다. 학원의 가장 큰 목적은 아이들의 학습 능력을 높이는 것이 아니다. 오로지 기업으로서 이익을 많이 내는 것이다. 이익을 많이 내기 위해서는 좀 더 많은 학생을 모집해야 한다. 그러려면 일류 학교의 합격자를 많이 배출해서 부모들이 '저 학원만 보내면 합격할 수 있다. 우리 아이도 보내야 한다'고 믿게 만들어야 한다. 그런데 모든 학생들의 학습 능력에 맞추어서 가르치다 보면 학원은 이익을 내기 어렵다.

그래서 학원은 모든 수강생들의 성적을 한 단계 높이려고 노력하는 것이 아니라, 두각을 나타내는 몇몇 학생에게만 합격할 수 있는 기술을 가르친다. 실력이 떨어지는 학생들은 학원의 이름을 높여줄 학생들의 공부에 방해되지 않도록 따로 격리시킨다. 이런 '성적별 반 편성'은 학원의 이익을 높이는 데 가장 효과적인 방법이 된다. 일부러 돈을 들이면서까지 아이에게 이런 수업을 받게 할 필요가 있을까.

'원하는 학교에 가려면 유명한 학원에 들어가서 상위권에 들어야 한다'며 그야말로 잠도 안 자고 끼니도 거르면서 공부만 한 아이라고 반드시 훌륭한 사람이 될까? 물론 노력한 보람이 있어서 원하던 학교에 멋지게 합격할지도 모른다. 그러나 내실은 어떨까? 가혹한 주입식 교육을 받느라 다양한 경험을 쌓을 시간도, 감수성을 기를 틈도 없이 자란 아이는 과연 어떤 어른이 될까? 공부는 잘하지만 남과 어울릴 줄 모르는 사람, 머리는 좋은데 정말 재미없는 사람이 되지 않을까? 자녀를 그런 어른으로 키우고 싶은가?

입시 자체를 부정할 마음은 없다. 그러나 그 때문에 힘들게 학원을 다녀야 한다면, 진학률이 좋은 학원보다 '집에서 가까운 곳'을 선택할 것을 권한다. 학원에 다니느라 쓸데없이 시간을 낭비하기보다 그 시간에 친구들과 어울려 노는 편이 아이의 학습 능력 신장에 훨씬 큰 도움이 되기 때문이다. 특히 특정 학교를 목표로 한다면 반드시 이 점을 염두에 두고 학원을 선택하기 바란다. 학원을 선택할 때는 무엇보다 '그 학원에 다니느라 아이가 얼마나 많은 시간을 빼앗기게 되는지'를 생각해야 한다.

02

공교육에
속지 마라

‘공교육은 믿을 수 없다.’

요즘 공공연히 나도는 얘기다. 학생들을 성희롱하거나 폭력을 휘두르는 교사처럼 극단적인 예는 논외로 하더라도, 교과서에 실린 내용만 가르치고(그 내용조차 빈약한 사람이 많지만), 숙제도 참고서에 나오는 문제를 그대로 복사해서 나눠주고 끝내버리는 성의 없고 무능력한 교사가 일본에는 헤아릴 수 없이 많다.

이러쿵저러쿵 말이 많은 학습 능력 저하 문제도 그 중심에 공교육이 있다는 생각을 지울 수 없다. 교직은 이제 더 이상 성직(聖職)이 아니다. 이 점은 많은 사람이 통감하는 바다.

먼저 확실히 짚고 넘어가고 싶은 점은 초등학교 교사가 '공무원'이라는 사실이다. 물론 일부 사립학교는 제외한다. 일본 공무원이라고 하면 우선 '무사안일', '탁상공론', '복지부동', '불친절' 같은 부정적인 단어부터 머릿속에 떠오른다. 그만큼 공무원은 자기계발에 게으르고 변화를 두려워하며 자리 보존에 급급한, 이기적이고 폐쇄적인 집단이라는 인상이 강하다. 그렇다면 교직은 어떨까?

교직 역시 일반 공무원처럼 큰 잘못이나 실수만 저지르지 않으면 능력과 상관없이 정년까지 편안하게 일할 수 있는 안정된 직종이다. 교직을 포함한 공무원 사회를 '철밥통'이라고 부르는 이유가 여기에 있다.

더는 학교에 기대하지 말 것

사실 모든 공무원이 다 그렇다는 것은 아니다. 하지만 일반 기업체와 달리 자신의 능력과 상관없이 때가 되면 저절로 승진하는 공무원 사회에는 '필요 이상의 일은 하지 않는다'는 분위기가 만연해 있다. 이런 분위기는 교사 집단에서도 마찬가지다. 그러나 교육에서는 무엇보다도 '필요 이상의 일을 하려는 마음'이 중요하다. 교육은 대표적인 서비스업이다. 진정한 서비스를 위해서는 고객에 대한 깊은 관심과 애정이 충만해야 한다.

만약 학급에 우울해 보이는 아이가 있다면, 교사는 아이가 다른 친구들에게 따돌림을 당하지는 않는지 자세히 관찰해보아야 한다. 그리고 특별한 문제점이 발견되지 않으면 학교 생활 외에 가정이나 학원 문제로 고민하는 것은 아닌지 알아보고 그 해결책을 찾도록 도와주어야 한다. 그런데 일본의 많은 교사들이 학교 밖에서 일어난 일에 관여하는 것을 '필요 이상의 일'이라고 생각한다.

사실 교사는 학교 안에서 일어난 일에 대해서만 책임지면 된다. 하지만 진정한 교사라면 아이와 이야기를 나눠보고 부모와도 상담하며 아이의 고민을 해결해주기 위해 애써야 한다. 그러나 요즘 그런 교사는 결코 흔하지 않다.

학업 면에서도 마찬가지다. 좀처럼 구구단을 외우지 못하는 아이가 있다고 치자. 그럴 때 아이에게 이해하기 쉬운 교재를 만들어주면 금방 외우게 된다는 것을 알면서도 대부분의 교사들은 그런 수고를 하지 않는다. 필요 이상의 일이기 때문이다. 고작해야 "집에 가서 외워 오세요"라고 말할 뿐이다.

교사가 공무원인 이상 어쩔 수 없는 일인지도 모른다. 아무리 건의해봤자 '특정한 아이만 특별 대우할 수 없다'는 말만 되풀이할 뿐이다. 그러나 학부모들이 낸 세금으로 월급을 받는 교사가 우리 사회를 짊어지고 갈 아이들을 제대로 가르치지 않는다는 것은 도저히 용납할 수 없다.

나는 '더는 학교에 기대하지 말 것'을 강력하게 권한다. 학교란 그저 교과서에 실린 기본 지식을 가르치고, 낮 동안 우리 아이를 안전하게 보호해주는 곳 정도로만 생각하기 바란다. '우리 아이의 특성을 잘 살펴서 가장 알맞은 지도를 해주겠지' 하고 바라는 것 자체가 무의미한 일이다. 그렇다면 사교육의 중심인 학원은 어떨까?

공무원의 집합체 '학교'
영리를 목적으로 하는 '기업 학원'

최근에는 선행학습반이나 정규종합반 외에 공부 잘하는 학생들만 모아서 '특별반'을 만드는 학원이 많다. 그야말로 소수 정예부대인 특별반 아이들은 입시 요령을 배우기 위해 밤늦게까지 개인별로 부진한 과목의 보충 수업을 받고, 집에 가서는 숙제와 예습·복습을 하느라 수면 부족에 시달린다. 엄청난 양의 암기식·주입식 교육에 아이들은 지쳐가고, 학교에는 자러 온다는 학생까지 나타나고 있다.

반면, 특별반에 들어가지 못한 대다수 아이들은 성적이 뛰어난 학생들을 방해만 하지 않으면 된다. 이런 대다수 아이들이 '손님'이 되어주지 않으면 학원을 경영하기가 어렵기 때문이다. 혹시 당신의 자녀가 학원에서 다른 '특별반' 아이들을 위한 이런 손님 같은 존재는 아닌지 깊이 생각해보라. 다시 말해 사교육에서도 '자녀의 특성에 맞는 최적의 지도'는 바랄 수 없다는 말이다.

왜 이런 일이 일어날까? 학원은 교육의 장인 동시에 영리를 목적으로 하는 기업이다. 학원 운영자들은 학생들이 낸 수업료에서 경비를 뺀 나머지를 나눠 갖기 때문에, 자신의 '몫'을 늘리기 위해 밤낮없이 머리를 짜낸다.

저출산 가정이 늘어날수록 학생을 모집하지 못해 문을 닫는 학원은 상상 이상으로 많아질 것이다. 그렇게 되면 학원들은 더 많은 학생을 모으기 위해 사활을 건 아이디어 싸움을 해야 한다. 가장 빠른 방법은 일류대학 진학률을 높여서 '그 학원에 아이를 보내면 일류대학에 갈 수 있다'는 소문을 내는 것이다. 특별반을 만들어서 성적이 뛰어난 아이들에게 입시 요령을 외우게 하는 것도 학원의 수준을 높이기 위한 비책이다.

이처럼 학교는 공무원의 집합체이고, 학원은 영리를 목적으로 하는 기업이다. 부모는 결코 이점을 잊어서는 안 된다. 앞으로 이런 교육 현장은 '아이를 믿고 맡기는 곳'이 아니라 '잠시 이용하는 곳'으로 생각해야 한다. 아이의 변화를 잘 관찰하면서 고민이 있으면 함께 해결하고 공부하다 막히는 곳이 있으면 가장 좋은 방법으로 가르쳐주는, 교육에서 빼놓을 수 없는 '보살핌'을 이제 더는 학교에 바라지 마라.

이제는 부모가 나설 때다. 학교가 아이를 제대로 돌보지 못한다면 부모가 자녀를 관찰하고, 고민이 있으면 들어주고, 공부하다 막히는 곳이 있으면 함께 자료를 찾아보는 등 최적의 공부법을 모색해야 한다.

지금은 '아이는 부모하기 나름'인 시대다. 그러므로 부모는 내 아이에게 필요한 것과 필요하지 않은 것을 제대로 가려낼 줄 아는 눈을 길러야 한다.

03

학원을 너무 많이 다니면
무책임한 사람이 된다

∨∨∨∨∨∨∨∨∨∨∨∨∨∨∨∨∨∨∨∨∨∨∨∨∨∨∨∨∨

여러분은 몇 살부터 스스로 시간 관리를 했는가? 빠른 사람은 10대 후반 즈음, 늦어도 사회인이 된 이후에는 스스로 시간 관리를 했을 것이다. 그것도 고작 친구와 약속한 날짜를 달력에 써 넣는 정도가 아니었을까?

그런데 지금은 초등학생조차 시간을 쪼개 써야 할 만큼 스케줄이 빡빡하다. 하루 중 많은 시간을 학교에서 보낸 뒤에, 요일에 맞춰 학원이나 예체능 교실로 간다. 방과 후는 더 바쁘다. 학교 숙제에 학원 공부, 피아노 연습 등 집에 와서도 할 일이 쌓여 있어 분 단위로 시간표를 짜는 아이도 있다. 친구와 놀려고 약속할 때도 시간표에서 비어 있는 요일과 시간을 확인하고, 무슨 요일에 몇 시부터 몇 시까지 놀 수 있는지 체크해야한다. 그냥 하는 말이 아니라 실제로 요즘은 어른보다 아이들이 더 바쁘다.

하지만 아무리 시간표를 짠다고 해도 아이들은 아직 어리기 때문에 시간을 정확히 관리하기 힘들다. 게다가 깜빡 잊어버리기 일쑤다. 이럴 때 대부분의 부모들은, 자신이 나서서 아이의 하루 일정이 막힘없이 진행될 수 있게 이끌어줘야 한다고 생각한다. 다시 말해 날마다 "숙제는 했니?", "학원 갈 준비는 됐어?", "피아노 연습은 한 거야?" 하고 넋이 나가 있는 아이를 재촉하는 것이 부모가 할 일이라고 믿는 것이다.

부모의 어중간한 태도가 사내아이를 망친다

아무리 일정이 잡혀 있고 꼭 해야 할 일이 있더라도 아이의 처리 능력에는 한계가 있다는 것을 알아야 한다. 정해진 시간 안에 모든 일을 빠짐없이, 게다가 완벽하게 끝낼 수 있는 아이는 드문 법이다. 예를 들어 학원에 갈 시간이 다 되었는데도 나갈 준비를 못했다든지, 시험 준비를 해야 하는데 학원숙제도 다 못했다든지, 피아노 연습도 못했는데 외워야 할 영어 단어가 밀렸다든지 하는 경우가 그렇다. 어린 나이지만 '몸이 둘이었으면…' 하고 바라며 안절부절못한다.

이럴 때 부모는 자기도 모르게 "숙제는 나중에 하고 얼른 학원에 가라"든지 "피아노 연습은 거기까지 하고 책부터 읽어라" 하면서 아이가 해야 할 일의 순서를 정해주기 쉽다. 아니면 부모가 시간표를 관리하여 "숙제 끝났니? 그럼 이제 학원에서 배울 내용을 예습할 시간이야"라고 지시하기도 한다. 아이의 몸 상태가 좋지 않아 시간표대로 다 하기가 힘들어 보이면 아이가 판단하기도 전에 부모가 먼저 "숙제는 거기까지 하면 됐다"라며 강제로 마무리하게 한다.

부모의 이런 행동은 아이에게 '어중간한 태도를 강요'하는 꼴이 된다. 아이는 마음속으로 '일단 시작부터 하자. 못하면 중간에 그만두면 돼. 엄마가 시키는 대로만 하면 된다'고 생각한다. 뿐만 아니라 이런 상황이 계속되면 어떤 일도 끝까지 하지 못하고 도중에 내팽개치게 된다. 결국 한번 시작한 일은 반드시 끝내려는 책임감은 눈곱만큼도 자라지 못한다.

아이들뿐 아니라 어른들 중에도 이런 사람이 많다. 이런 유형의 사람은 늘 많은 일을 도맡아 하기 때문에 언뜻 유능해 보이지만, 속을 들여다보면 제대로 끝낸 일은 하나도 없고 모든 일을 적당히 하는 무책임한 사람이다. 이런 사람은 무슨 일이든 깊이 생각하지 않고 덥석 맡고 본다. "괜찮아, 할 수 있어"라고 자신만만하게 말하지만 결과는 너무나 부실하고 적당히 한 티가 난다.

여러분은 이런 사람을 신뢰할 수 있는가? 나는 이런 사람하고 일하고 싶지 않다. 여러분의 자녀가 무책임하고 적당히 시간만 때우는 어른이 되기를 바라는가? 분명 그렇지는 않을 것이다.

'한번 시작한 일은 무슨 일이 있어도 최선을 다해서 끝낸다' 이런 책임감이야말로 성공의 원동력이다. 따라서 부모는 아이가 할 수 있는 만큼만 시켜야 한다. '오늘은 틀린 문제만 다시 풀기'로 했으면 그 일만 시킨다. 생각 외로 빨리 끝내더라도 "그러면 다음에는…" 하고 다른 일을 추가하지 말자. 대신 수고했다며 많이 칭찬해주고 상으로 마음껏 놀게 하자. 시간을 허비하는 것 같아 아깝다는 생각이 들지 모르지만 책임감 있는 어른으로 키우고 싶다면 그쯤에서 마음을 접는 것이 좋다.

다른 아이의 성공담은
귓전으로 흘려라

같은 유치원에 아이를 보내는 엄마들은 쉽게 친해진다. 엄마들
이 육아나 집안일에서 잠시 벗어나 즐겁게 이야기를 나누면서
피로를 풀고 재충전하는 것은 더없이 좋은 일이다. 이들에게
화젯거리는 단연 아이들 이야기다. 아이들의 생활습관이나 아
이를 키우면서 겪는 어려움을 털어놓으며 서로 위안을 삼기도
하고 스트레스도 푼다.

　그런데 아이가 초등학교에 들어가면 화제가 조금 달라진
다. 물론 이야기의 중심은 여전히 아이들이지만 내용은 교육,

특히 학원이나 예체능 교실 등의 정보 교환으로 바뀐다.

'이제는 학원에 보내야겠다', '이제 뭘 좀 가르쳐야 할 텐데' 하고 생각하는 엄마들은 무엇부터 가르쳐야 할지, 어느 학원이 좋은지 몰라 막막하다. 그럴 때 직접 경험한 학부형에게 듣는 정보는 학원 선택에 좋은 길잡이가 된다고들 말한다. 그런데 정말로 그럴까?

예를 들어 어디가 좋은 학원인지 물어보면 '어디가 잘 가르친다', '어디는 학생 수준이 높다', '어디는 강사가 괜찮다' 등 다양한 정보를 알려준다. 특별히 정보를 수집할 마음이 없더라도 "우리 아이는 참을성이 없다"라고 푸념을 늘어놓은 순간 "그러면 ○○을 가르치면 어때요? 우리 애도 이걸 배우면서부터 참을성이 생겼어요" 하고 친절하게(쓸데없는 참견일 테지만) 가르쳐주는 사람도 있다.

남의 이야기에 그다지 영향을 받지 않거나 아이 교육에 관한 신조가 뚜렷한 사람이라면 이 대목은 건너뛰어도 좋다. 하지만 스스로 그렇지 못하다고 생각한다면, 부디 자신만의 교육 방침대로 끝까지 밀고 가라고 말하고 싶다. 학부모들은 대부분 '다른 엄마들과 나누는 대화는 중요한 정보 교환'이라고 생각하기 때문에 어느 학원이 좋다는 말을 들으면 귀가 솔깃해지기 마련이다.

그러나 이것은 큰 잘못이다. 원래 다른 사람이 들려주는 이야기는 대부분 성공담이다. '저 학원에 보냈더니 성적이 떨어졌다', '피아노를 가르쳤는데 완전 실패해서 결국 돈만 버린 꼴이 되었다'며 자신의 실패를 터놓고 말하는 일은 드물다. 대부분 '○○을 가르쳤더니 참을성이 생겼다', '○○학원에 보냈더니 성적이 올랐다'와 같이 자기 아이는 ○○을 배우면서부터 좋아졌다는 이야기가 많다.

내 아이를 제대로 판단하고 있는가?

상대방이 '○○을 가르치지 않으면 손해'라는 식으로 이야기할 때는 우선 냉정해지자. 왜냐하면 아무리 성공담이라고 해도 어디까지나 남의 이야기이기 때문이다. 모든 아이에게 해당되는 이야기가 아니라는 의미다. 그런데 이 점을 간과하고 '그렇다면 우리 애도 가르쳐야지!' 하고 덤비는 부모가 많다. 그래서 피아노가 좋다고 하면 피아노를 가르치고, 붓글씨가 좋다고 하면 서예교실에 보내는 식으로 여기저기 따라다니게 된다. 아이가 즐겁게 다니면 다행이지만 그렇지 않으면 '우리 애는 모자라다'고 그릇된 결론을 내리게 된다.

모두 잘 배운다는데 왜 유독 내 아이만 적응하지 못하는 걸까? 답은 간단하다. 내 아이의 적성에 맞지 않기 때문이다. 오로지 그것뿐이다. 사람의 개성은 천차만별이어서 내가 기분 좋게 느끼는 일도 다른 사람에게는 큰 고통이 될 수 있다. 아이들도 마찬가지다. 피아노를 좋아하는 아이도 있고 싫어하는 아이도 있다. 당연한 이치다.

따라서 학부모는 아무리 마음을 끄는 성공담을 들어도 '우리 아이한테는 맞지 않겠다'고 판단할 수 있는 능력을 반드시 갖추어야 한다. 이 판단력은 정보량으로 기를 수 있는 것이 아니다. 아이를 잘 관찰해서 '우리 아이는 어떤 아이인지'를 제대로 파악할 수 있을 때야 비로소 이 능력이 생긴다. 다른 학부모들에게 듣는 정보 외에도 수많은 정보가 범람하는 이 시대에 아이를 관찰하는 일부터 게을리하지 않기 바란다.

좋아하는 과목에
집중시켜라

∨∨∨∨∨∨∨∨∨∨∨∨∨∨∨∨∨∨∨∨∨∨∨∨∨

만일 여러분에게 '자녀의 장단점을 열 가지씩 적어보라'고 한
다면, 과연 장점과 단점 중 어느 쪽을 빨리 적을까? 혹시 '단점'
이나 '고쳤으면 하는 점'이 아닐까?

가까운 사이일수록 장점은 못보고 지나치기 쉽지만 단점은
눈에 쏙쏙 들어온다. 시험 삼아 남편의 장단점을 적어보면 금
방 이해할 수 있다. 그렇다고 여러분이 상대방의 나쁜 점만 보
는 바람직하지 않은 사고를 가졌다는 뜻은 아니다.

배우자나 자녀의 단점이 눈에 잘 띄는 것은 '좀 더 나아졌

으면' 하는 마음 때문이다. 다시 말해 애정의 또 다른 표현이라고 할까. 그렇지만 나쁜 점만 지적해서는 상대방을 바꿀 수 없다. 다른 사람이 자신의 단점을 들추는 걸 좋아하는 사람도 없고, 무엇보다 단점을 지적해줘서 고마워하기란 정말 어렵기 때문이다. 따라서 단점은 못 본 체 넘어가고, 장점만 칭찬해주면 좋은 관계를 형성할 수 있다.

공부도 마찬가지다. 예를 들어 아이가 수학은 못하지만 국어는 잘한다고 하자. 그러면 부모는 '국어는 그냥 둬도 잘하니까 어려워하는 수학에 집중해야 한다'는 생각에 "국어는 됐으니까 수학 공부를 좀 더 해!"라고 다그치기 쉽다.

사내아이의 능력을 키워주는 공부법

그런데 이렇게 하면 역효과만 나타난다. 자신 없는 과목만 붙들고 있으면 공부가 어렵게 느껴지고 결국은 공부가 지겨워진다. 게다가 좋아하던 국어마저 싫어진다. 이런 식의 공부법은 일부러 아이의 머리를 나빠지게 하려고 노력하는 것과 같다.

아이의 능력을 키워주는 공부법은 '잘하는 과목, 좋아하는 과목부터 철저히 시키는 것' 외에는 없다. 아이가 좋아하고 잘하는 과목부터 공부시키고, 오히려 못하거나 싫어하는 과목은 그냥 내버려둔다.

가령 수학을 좋아하는 아이는 구구단표를 보고 '9단의 답에서 일의 자릿수와 십의 자릿수를 더하면 언제나 9가 된다'는 법칙을 스스로 발견하면서 재미있게 공부한다. 이런 발견은 공부를 더욱 재미있게 만들고 나아가 수학에 특별한 자신감까지 갖게 한다. 자신감은 '다른 과목도 잘할 수 있다'는 생각으로 발전해 자신 없는 과목에도 도전하게 만든다.

예컨대 자신만의 법칙으로 구구단을 쉽고 재미있게 외운 아이는 한자를 외울 때도 '감정을 나타내는 한자는 마음 심(心) 자, 심방변 심(忄) 자를 부수로 쓰고, 신체 부위를 나타내는 한자는 고기 육(肉) 자, 육달월 월(月) 자를 부수로 쓴다'는 법칙을 금방 찾아낸다. 이처럼 잘하는 과목에서 터득한 자신만의 학습법은 아이의 학습 능력을 눈에 띄게 향상시킨다.

모든 과목을 다 잘하는 아이는 드물다. 이럴 때 부모는 못하는 과목을 더 열심히 하라고 말한다. 그러나 못하는 과목에 집중하다 보면 잘하는 과목까지 망칠 수 있다. 게다가 공부 자체를 싫어하게 되어 성적도 점점 떨어진다.

만일 여러분이 요리는 좋아하지만 청소는 싫어한다고 하자. 그럴 때 '요리는 안 해도 되니까 청소만 열심히 하라'는 소리를 듣는다면 어떨까? 집안일 전체가 싫어지지 않을까? 그보다 요리에 좀 더 시간을 투자해서 온 가족에게 엄마가 만들어주는 음식이 최고'라는 찬사를 듣는다면 어떨까? 다른 집안일도 열심히 해서 좋은 엄마가 되고 싶다는 욕심이 생기지 않을까? 공부도 마찬가지다.

우선 좋아하는 과목을 파고들어 학습 능력을 향상시키고, 향상된 학습 능력으로 다른 과목을 공부하는 것, 이것이야말로 가장 좋은 공부법이다.

모든 공부의 기초는
국어 실력에서 나온다

∨∨∨∨∨∨∨∨∨∨∨∨∨∨∨∨∨∨∨∨∨∨∨∨∨∨

아이의 학급에 구구단도 제일 먼저 외우고, 암산도 잘하고, 한자도 척척 쓰는 아이가 있다고 하자. '우리 아이도 저랬으면…' 하고 바라던 중 그 똑똑한 아이가 보낸 문자 메시지를 우연히 읽게 되었다. 그런데 도대체 무슨 소리를 하는 건지 전혀 이해하지 못했다고 상상해보자.

아니면 일류대학 졸업장을 자랑스러워하는 상사와 우연히 소설에 관한 이야기를 나누었는데, 상대가 완전히 엉뚱한 소리를 하거나 작가의 의도를 알아차리지 못하고 있다는 사실을 알게 되었다고 가정해보자. 그 순간 당신은 틀림없이 상대방을 '우습게' 생각할 것이다. '똑똑한 사람인 줄 알았는데 별것 아니군' 하고 말이다.

아무리 계산이 빠르고 암기력이 뛰어나도, 또 아무리 좋은 대학을 나와도 자기 생각을 문장으로 제대로 정리하지 못하거나, 문장을 음미하고 행간에 담긴 뜻을 읽어낼 줄 모르는 사람은 머리가 좋다고 말할 수 없다. 문장력이나 독해력은 바로 '국어 실력'과 연결된다. 그러므로 정말로 머리가 좋은지 아닌지는 국어 실력이 증명해준다고 할 수 있다.

나는 늘 '본격적인 공부는 중학교 1학년부터가 좋다. 그 전까지는 마음껏 놀게 하라'고 주장한다. 그러나 공부를 전혀 하지 않아도 된다는 뜻은 아니다. 공부의 기초가 되는 실력은 그 전부터 확실히 다져두어야 한다. 그렇다면 '공부의 기초가 되는 실력'이란 무엇일까?

바로 계산력과 국어 실력이다. 그중에서도 가장 중요한 것은 문장을 올바르게 읽고 내용을 정확히 이해하며, 자신의 생각을 제대로 전달할 줄 아는 국어 실력이다.

아이가 보는 교과서와 참고서, 그리고 시험 문제는 모두 국어로 쓰여 있다. 아무리 계산이 빨라도, 아무리 화학기호를 잘 외워도 교과서나 참고서에 쓰여 있는 내용을 정확히 읽고 올바르게 이해하지 못하면 시험 문제를 풀 수 없다.

흔히 '국어 실력'이라고 하면 '우리 아이는 어려운 단어도 많이 알기 때문에 문제없다'고 말하는 부모가 있다. 그러나 아무리 많은 단어를 알아도 그 단어가 글 속에서 적절하게 쓰였는지 판단하지 못하면 국어 실력이 있다고 말하기 어렵다.

대학 시험에 이르기까지 국어 시험은 객관식이나 단답형 주관식이 많고 스스로 문장을 만드는 문제는 거의 없기 때문에 점수가 웬만큼 나오면 '이 정도면 국어를 잘한다'고 안심하는 경우가 대부분이다. 그러나 이것은 큰 착각이다.

사내아이의 국어 실력을 기르는 법

앞에서도 이야기했지만 아무리 단어를 많이 알고 객관식이나 단답형 주관식 문제에서 좋은 점수를 얻더라도 자신의 생각을 정리해서 글로 표현할 줄 모른다면 국어 실력이 있다고 말하기 어려우며, 언젠가는 공부하는 데 좌절하고 말 것이다. 그렇다면 이처럼 중요한 국어 실력은 어떻게 길러야 할까?

책을 읽는 것도 좋지만 그보다 더 좋은 방법은 글을 써보는 것, 바로 글짓기를 하는 것이다. 글짓기는 문장을 이해하는 힘을 길러줄 뿐만 아니라 스스로 어휘를 선택함으로써 정답을 고르는 객관식 문제에 강해진다는 이점도 있다.

그런데 글짓기는 '학교에서만 하는 것'이라고 믿는 아이가 많다. 더구나 학교에서는 '불조심'이나 '자연보호'처럼 재미없는 주제를 내주고 강제로 글을 쓰게 한다. 그러니 아이들이 글짓기를 싫어하고 문장력도 향상되지 않는 건 당연한 일이다.

그렇다고 그냥 내버려두어서는 안 된다. 정말로 자녀의 국어 실력을 키워주고 싶다면 학교에만 맡기지 말고 가능한 한 자유롭게 글을 쓰게 하자. 가령 재미있거나 즐거운 일이 있었을 때 아이는 눈을 반짝이며 엄마에게 이야기를 한다. 그럴 때 "그랬니? 재미있구나! 아빠도 들으면 좋아할 텐데, 나중에 아빠가 읽으실 수 있게 글로 써보는 건 어떨까?"라며 종이에 써보게 한다.

글로 쓰기 전에 먼저 자세하게 이야기해보면 글을 훨씬 쉽게 쓸 수 있다. 아이가 글을 썼을 때는 설령 서툴고 미숙하더라도 재미있다고 칭찬하자. "여기 이 부분은 이렇게…"라고 함부로 첨삭하면 절대 안 된다. 애써 글로 쓴 보람이 없어지기 때문이다. 마음에 들지 않는 부분이 있어도 못 본 척하고 무조건 칭찬하자. 물론 남편에게도 미리 귀띔을 해주어 칭찬하게 한다.

이렇게 하면 아이는 '글쓰기는 재미있다, 또 쓰고 싶다'고 생각한다. 이런 경험이 되풀이되면 자신이 하고 싶은 말을 적절한 글로 표현하는 능력이 생기고, 나아가 글 쓰는 기쁨을 맛보게 된다.

책을
소리 내어 읽게 하라

'공부하는 시간에 비해 성적이 잘 오르지 않는다. 공부는 열심히 하는데 실력은 언제나 제자리다…'

이렇게 공부에 어려움을 느끼는 아이가 많다. 많은 부모들이 '학습 능력 저하'에 관해 의견이 분분한데, 나는 아이들이 공부를 하지 않아서 학습 능력이 낮다고는 생각하지 않는다.

물론 학교 수업도 제대로 안 듣고, 집에 오면 컴퓨터 게임만 하느라 교과서를 전혀 들춰보지 않는 아이도 있다. 그런데 공부를 싫어하고 성적도 엉망인 아이는 어느 시절에나 있었다.

문제는 공부도 열심히 하고 학원까지 다니는데 성적이 오르지 않는 아이가 많다는 것이다. 이런 아이들에게는 놀랄 만큼 비슷한 점이 있다. 바로 '국어 실력이 없다'는 것이다. 나는 학습 능력이 낮은 진짜 원인은 문제를 읽고 이해하는 능력과 문장을 정확히 쓰는 능력이 부족하기 때문이라고 생각한다.

국어 실력을 향상시키려면 문장이 어떻게 구성되어 있는지 한눈에 알아볼 줄 알아야 하는데, 이러한 능력은 스스로 문장을 만들다 보면 저절로 생긴다. 그러므로 국어 실력을 향상시키는 데는 앞에서 말했듯 글짓기가 최고다.

국어 실력을 향상시키는 방법이 하나 더 있다. 바로 책을 소리 내어 읽는 '음독'이다. 음독을 하면 왜 국어 실력이 좋아질까? 좋은 문장을 소리 내어 읽으면 문장이 어떻게 구성되어 있는지 쉽게 기억할 수 있기 때문이다.

국어는 조사와 보조동사를 어떻게 쓰느냐에 따라 맛이 조금씩 달라진다. '철수는 달렸다'로 써야 할까, '철수가 달렸다'로 써야 할까? 전하고 싶은 뜻이나 그 뒤에 이어지는 문장에 따라 조사와 보조동사를 가려 쓰는 국어의 기본은 논리로 따져서 기억하는 것이 아니다. 문장을 반복해서 읽음으로써 감각으로 몸에 익히는 것이다.

'음독은 학교에서 많이 한다'고 말하는 사람도 있을지 모른다. 물론 국어 시간에 선생님을 따라 한 문장씩 읽는 모습은 흔히 볼 수 있다. 또 초등학교 저학년이라면 '소리 내서 읽기' 숙제도 있다. 그런데 이때 '읽는 법'에 문제가 있다는 사실을 아는 교사와 부모가 얼마나 될까?

교과서를 읽으라고 하면 아이들은 대부분 물 흐르듯 자연스럽게 읽으려고 할 것이고, 교사도 부드럽게 읽으라고 요구할 것이다. 음독 숙제도 '몇 번 읽었느냐'에만 중점을 두지, '읽는 법'에 주의를 기울이는 일은 거의 없다. 더구나 남자아이들은 소리 내어 읽는 것을 쑥스러워하기 때문에 입 안에서 중얼거리거나 순식간에 읽어버리는 일이 많다. 게다가 무엇이든 '놀이로 바꿔버리는' 남자아이의 특성상 '누가 빨리 읽나' 내기를 하는 아이까지 있다. 이래서는 음독하는 의미가 없다.

문장 구조를 이해하게 만드는 '음독법'

나는 국어 실력을 눈에 띄게 향상시키는 방법으로 '음독법'을 권한다. 이 방법에서 결코 '몇 번 읽었느냐'나 자연스럽게 읽기, 빨리 읽기는 그다지 중요하지 않다.

국어 실력을 키우는 음독법이란 어떤 것일까? 그것은 한 어절 한 어절을 큰 소리로 천천히 그리고 정확히 나누어서 읽는 것을 말한다. 예를 들어 '철수는 달렸다'가 아니라 '철수는∨달렸다'로 읽는 것이다. 이때 연극 연습을 하듯 입 모양을 의식해서 읽으면 더욱 좋다. 이 방법으로 책을 읽으면 앞에서 이야기한 조사나 보조동사까지 의식할 수 있어 자연스럽게 가려 쓸 줄 알게 된다.

이렇게 기초를 쌓은 뒤에 현대문을 읽으면 국어 실력이 탄탄해져 국어는 물론 다른 과목까지 어려워하지 않게 된다. 이러한 음독법의 효과는 놀라울 정도여서, 지금까지 학습 능력이 뒤떨어져 고민하던 아이도 성적이 쑥쑥 올라가는 경험을 했다. 그야말로 기적 같은 학습법이다.

자녀가 아직 어리다면 짧은 동화책이나 그림책부터 시작하는 것이 좋다. 그러나 어떤 책을 읽든 '한 어절 한 어절을 구별해서 천천히 읽는다'와 '입 모양을 의식해서 읽는다'는 점만은 지키도록 한다.

학교에서는 마음을 담아 정감 있게 읽으라고 지도할지 모르지만 이것은 어디까지나 낭독의 기법이다. 낭독할 때는 어절에 신경 쓰지 말고 부드럽고 자연스럽게 읽어 내려가야 한다. 하지만 낭독하듯 읽으면 '문장의 구조를 이해한다'는 목적을 달성하기는커녕 오히려 역효과만 낳는다. 낭독은 배우나 아나 운서한테나 필요하다. 음독의 목적은 국어 실력 향상에 있다는 점을 명심하자.

되풀이해서 말하지만, 아이에게 가르쳐야 할 것은 '체언에 붙은 조사와 보조동사'에 주의해서 문장을 천천히 큰 소리로 읽으면서 문장 구조를 이해하는 음독법이다. 자녀의 국어 실력과 학습 능력을 향상시키고 싶다면 꼭 한번 시도해보자.

국어 실력을 높이는
밥상머리 대화법

문과나 이과에 상관없이 학교 수업과 시험은 물론 입시 학원의 과제, 그리고 마지막 단계인 수능 시험에 이르기까지 일부 과목을 제외한 모든 시험 문제는 국어로 쓰여 있다. 게다가 해답란에 쓰는 답도, 논술도 당연히 국어로 써야 한다.

이것은 아무리 어려운 어휘를 많이 알고, 또 아무리 많은 공식을 외웠어도 시험문제를 정확히 이해하지 못하면 정답을 적을 수 없다는 뜻이다.

국어 실력이 없으면 어떤 과목도 잘할 수 없다. 오늘날 대학이 원하는 인재는 문장으로 자신의 의견을 표현할 수 있는 학생이다.

이것은 입시에서 논술을 중시하는 대학이 늘고 있는 것으로도 분명히 알 수 있다. 국어 실력이 있다는 말은 아무리 긴 문장도 정확히 이해하고, 자신의 의견을 글로 써서 다른 사람에게 제대로 전할 수 있다는 뜻이다. 바로 '읽기와 쓰기' 능력을 말하는 것이다.

그런데 요즘은 '읽고 쓸 줄 아는 것'을 너무나도 당연시한 나머지 소홀히 여기는 느낌을 지울 수 없다. 앞서 강조했듯이 읽기와 쓰기는 단순히 어려운 글을 읽고 쓸 줄 아는 능력만을 말하는 것이 아니다.

가령 '요절시인(夭折詩人)'이라는 단어를 썼을 때, 이 단어의 뜻이 '젊어서 죽은 시인'이라는 것을 안다고 해서 국어 실력이 있다고 말하기는 어렵다. 정말로 국어 실력이 있는 사람이라면 요절한 시인과 그가 남긴 시를 떠올릴 수 있어야 한다. 나아가 그의 시를 읽었을 때 느낀 다양한 감정을 자기만의 문체로 표현할 수 있어야 한다. 이것은 입시에 유리한가 아닌가의 문제가 아니다. 국어 실력이야말로 인생을 깊이 있게 살기 위한 지혜이자 많은 사람들과 두터운 정을 나누는 원천이 된다.

아무리 한자나 단어를 많이 알아도 진정한 국어 실력이 없는 사람은 대화 능력이 떨어진다. 이것저것 많이 알면 '나는 남보다 뛰어나다'고 착각하기 쉬운데, 사실 '남의 이야기를 잘 듣고 이해하고 자기 의견을 말하는 능력'이 없는 고학력자가 이 세상에는 넘치도록 많다. 그러면 국어 실력을 키우기 위해서는 어떻게 해야 할까?

사내아이에게 수다가 필요한 이유

앞에서 글짓기의 놀라운 효력을 이야기했다. 자신의 감정이 움직였을 때, 그 느낌을 글로 옮겨보면 확실히 국어 실력이 높아진다. 나는 '국어 실력은 학교에서 쌓을 수 없다'고 생각한다. 학교에서 쓰는 교과서나 교재는 대부분 아이들의 호기심을 불러일으키지 못하는 따분한 내용뿐이고, 교사는 교사대로 어려운 단어만 외우라고 강요하기 때문이다. 이래서는 아이의 감수성과 발상을 존중하는 글짓기를 지도할 수 없다. 설령 아이가 글을 썼다고 해도 제대로 평가할 수 있을지도 의문이다. 그러면 어떻게 하면 좋을까?

　이 일은 가정에서만 할 수 있다. 그렇다고 가정에서 문학론을 가르치라는 뜻은 아니다. 날마다 글짓기를 시키라고 말할 생각도 없다. 방법은 간단하다. 먼저 밥을 먹을 때는 텔레비전을 끄고 온 가족이 함께 식사를 하면서 그날 있었던 일을 서로 이야기하는 것이다. 사내아이는 원래 말수가 적은데, 구식 사고방식을 가진 아버지나 남존여비 사상에 젖은 할아버지와 함께 사는 경우 문제가 더 커진다. '남자는 입이 무거워야 한다'며 말이 없는 남자를 필요 이상으로 미화하기 때문에 원래도 말이 없는 남자아이가 더더욱 말을 하지 않게 된다. 이래서는 국어 실력을 향상시킬 수 없다.

"오늘은 어디서 놀았니?" "누구랑 놀았니?" 등 어떤 이야기든 상관없다. 표현력이 미숙한 아이일수록 "공원에서요", "○○랑요" 이렇게 한마디로 짧게 대답하는데, 여기에서 그쳐서는 안 된다. "뭐 하면서 놀았니?" "공원에 개를 산책시키는 사람이 많았니?"라며 이야기를 전개시킬 계기를 만들어야 한다.

그러면 "○○랑 공원에서 술래잡기를 했는데, 산책하던 개가 짖는 바람에 깜짝 놀라서 도랑에 빠질 뻔했어요. 다행히 누가 손을 잡아줬어요. 그런데 그 개 주인이 미안하다는 말도 없이 그냥 가버려서 화가 났어요" 하고 이야기를 길게 하게 된다. 이때 "어머, 그래서 어떻게 되었니?" "어머나, 그 도랑에 엄마도 빠질 뻔한 적이 있는데"라며 말을 덧붙여주면 아이는 점점 신이 나서 계속 이야기를 하게 된다.

아이에게 늘 '공부해라', '빨리 자라', '치워라'와 같이 명령형으로만 말하고, 시간만 나면 텔레비전을 켜놓는 가정에서 자라는 아이는 아무리 열심히 공부해도 국어 실력이 늘지 않는다. 아이의 이야기에 귀 기울여주는 가족들의 모습은 아이에게 '좀 더 이야기하고 싶다', '좀 더 재미있게 해주려면 어떻게 해야 할까' 하는 마음이 들게 하고, 아이의 표현력을 기르고자 하는 의욕을 부추긴다.

이어폰을 달고 사는 아이는
공부를 못한다

∨∨∨∨∨∨∨∨∨∨∨∨∨∨∨∨∨∨∨∨∨∨∨∨∨∨∨

지하철을 타면 이어폰을 낀 젊은이를 많이 볼 수 있다. 예전에는 책을 읽는 사람이 많았는데, 요즘은 이어폰을 끼고 휴대전화를 만지작거리는 사람이 눈에 띄게 많다. 그 모습에 뭐라 말할 수 없는 안타까움을 느끼는 건 나만이 아닐 것이다.

외출할 때 반드시 이어폰을 끼는 현상은 여자아이보다 사내아이에게 더 많이 볼 수 있다. 보통 사람들이 외출할 때 열쇠나 지갑을 챙기듯 사내아이들은 너무나도 당연하게 이어폰을 챙긴다. 지하철 안에서도, 길을 걸으면서도 음악을 듣는다.

과외선생으로서 많은 아이들을 만나본 경험상 외출할 때 음악을 듣는 아이는 아무리 공부를 많이 해도 좀처럼 성적이 오르지 않았다. 그런데 의외로 음악을 들으면서 공부하는 학생이 상당히 많다. 대부분은 '주위의 소음을 차단하고 공부에 집중하기 위해서'라는 이유를 댄다. 언뜻 맞는 소리 같아서 허락하는 부모가 많지만, 과연 그럴까?

예를 들어 여러분이 아파트 대출 문제로 은행에 갔다고 하자. "잘 읽은 뒤에 서명하세요"라며 작은 글씨가 빽빽이 적힌 서류를 건네받았다. 낯선 단어로 가득한 서류를 읽고 있는 바로 그때, 귓가에서 음악이 울린다면 어떨까? 아무리 좋아하는 음악이라도 시끄럽다는 생각이 들지 않을까? 모든 신경을 한 곳에 집중시키고 있을 때 들리는 음악은 방해만 된다.

아무리 주위가 시끄러워도 정말로 집중하면 주위의 소음이 들리지 않는 것을 한 번쯤은 경험했을 것이다. 공부를 할 때 필요한 것이 바로 이 집중력이다.

예전에 학교 성적도 우수하고 머리도 좋은데 모의고사만 보면 만족할 만한 점수를 얻지 못하는 아이가 있었다. 왜 그런지 까닭을 물어보니 '시험 볼 때 다른 아이들의 사각거리는 연필 소리가 신경이 쓰여서 시험에 집중하지 못했다'는 것이다. 그 순간 "시험 볼 때 일부러 금속으로 된 무거운 샤프를 써요.

일부러 사각거리는 소리를 내려는 거죠. 글씨 쓰는 소리가 주위 아이들에게 부담을 줄 수 있으니까요"라며 잘난 척 떠들어대던 또 다른 아이가 떠올랐다. 의기소침해 있는 아이의 모습 위로 으스대던 그 아이의 모습이 오버랩되면서 씁쓸한 기분이 들었다.

사내아이의 인내심과 관찰력을 키우는 법

이야기가 약간 옆으로 샜는데, 시험을 잘 보려면 주변의 소리가 전혀 들리지 않을 만큼 집중할 수 있어야 한다. 그런데 주위 소음이 신경 쓰여서 음악을 들어야 할 정도로 예민한 아이라면 집중력이 부족한 것이다. 만일 여러분의 자녀에게 이런 나쁜 습관이 있다면 즉시 고쳐주어야 한다. 그리고 공부에 집중할 수 있는 조용한 환경을 만들어주어야 한다.

텔레비전을 켜놓고 웃고 떠드는 환경이라면 공부에 집중하기 어렵다. 그렇다고 도서관처럼 정숙한 분위기를 만들라는 소리는 아니다. 설거지하는 소리나 걸어 다니는 발소리 정도는 괜찮다. 쥐 죽은 듯 조용해야만 집중할 수 있다고 한다면 앞에서 이야기한 경우처럼 미세한 소리에도 민감하게 반응하는 아이가 될지 모른다.

"공부할 때는 그렇다 치고, 외출할 때도 음악을 듣지 말아야 하는가?"라고 되물을 수 있다. 그러면 이번에는 '외출할 때 음악을 듣는 것'을 생각해보자. 집 밖을 나서면 귀와 눈은 다양한 자극을 받는다. 거리에는 온갖 가게에서 시끄러운 음악이 흘러나오고, 지하철을 타면 보고 싶지 않은 술주정꾼도 보게 된다. 그러나 이어폰을 끼고 음악을 들으면 이처럼 듣고 싶지 않은 소리나 보고 싶지 않은 모습을 간단히 차단할 수 있다.

다시 말해 원래는 꾹 참을 수밖에 없는 상황이지만 이어폰만 있으면 간단히 해방된다. 손쉽게 편해지려는 아이에게는 사회적 인내심이 자라기 어렵다. 더구나 외부의 자극을 차단해버림으로써 생각지 않은 아름다움을 발견할 수 있는 관찰력도 무뎌진다. 이제 왜 '이어폰을 꽂는 아이가 공부를 못한다'고 했는지 이해가 가는가?

하지만 모든 일에는 예외가 있다. 음악을 들으면서 공부해도 놀랄 만큼 집중을 잘해서 좋은 점수를 얻는 아이도 있다. 만일 여러분의 자녀가 그런 경우라면 마음껏 음악을 듣게 하는 편이 낫다.

10

과외 교사의 기준은
성적이 아니다

∨∨∨∨∨∨∨∨∨∨∨∨∨∨∨∨∨∨∨∨∨∨∨∨∨∨∨

학교도 못 믿겠고 학원도 내키지 않는다. 그렇다면 어떻게 공
부를 시켜야 할까? 나는 주입식 교육에는 반대한다. 그렇다고
평소 실력으로 시험을 봐도 된다는 말도 안 되는 주장을 펼칠
마음은 없다. 나는 직업상 오랫동안 지도를 해온 엄연한 가정
교사이기 때문이다.

앞에서 말한 대로 여러분의 자녀가 주입식 교육에 매달려
공부해도 중심을 잃지 않는 강한 정신의 소유자라면 대형 학원
에 보내도 좋다. 그러나 그렇지 않다면 차라리 아이와 마음이

잘 통하는 대학생에게 개인 과외를 받게 할 것을 권한다.

개인 과외 선생님은 단순히 공부만 가르치는 존재가 아니다. 때로는 아이의 고민을 들어주는 형이나 누나가 되어주기도 한다. 자녀를 적게 낳는 시대인 만큼 아이는 터놓고 고민을 이야기할 수 있는 상대를 찾기가 어렵다. 특히 사내아이는 자기 얘기를 꺼내는 것 자체를 쑥스러워한다. 친구들에게도 사소한 일로 끙끙대는 소심한 사람처럼 보이기 싫어 속마음을 쉽게 털어놓지 못한다.

안타깝게도 깊이 있는 공부를 시작해야 할 중학교 시절은 친구 관계, 성적 문제, 부모와의 갈등 등 다양한 고민거리가 생겨나는 사춘기와 맞물린다. 이럴 때 과외 교사가 고민에서 벗어나게 도와줄 수 있다. 과외 교사와 잡담을 하면서 자연스럽게 고민을 털어놓고 충고를 듣는 것만으로도 아이는 스트레스가 풀린다.

대학생 과외라고 하면 먼저 인터넷 등에서 소개하는 과외 교사를 떠올릴지 모른다. '실력 있는 선생님 다수 확보'라는 광고 문구를 보면 '확실한 사람을 소개받을 수 있겠다'고 생각하게 될 것이다. 그러나 이런 방법은 권하지 않는다.

왜냐하면 회사에서 소개하는 과외 교사는 여러분이 지불한 돈의 절반 이하만 받고 일하기 때문이다. 그렇다면 나머지 돈은 어디로 갈까? 바로 과외 교사를 소개해주는 회사가 갖는다. 예를 들어 한 달에 40만 원에 계약을 맺었다고 하자. 이럴 때 과외 교사인 대학생이 받는 돈은 20만 원 이하다. 여러분은 한 달에 40만 원이나 투자하지만 과외 교사에게는 한 달에 20만 원짜리 아르바이트밖에 되지 않는다. 그 때문에 요령 있는 교사는 하루에 여러 집을 방문한다.

이런 과외 교사에게 아이를 맡기면, 정해진 시간 내에 아이가 문제를 이해하지 못해도 "시간이 다 됐으니까 다음 시간에 하자"라고 말하고 수업을 정리한다. 그렇지 않으면 다음 스케줄에 지장이 생기기 때문이다.

만일 소개 회사를 통하지 않고 과외 교사를 고용한다면 어떨까? 교사는 틀림없이 의욕에 넘쳐서 아이를 가족처럼 대하고, 정해진 시간 이상으로 열심히 가르치고, 고민 상담도 적극 받아줄 것이다.

아이와 잘 맞는
과외 교사 고르는 법

∨∧∨∧∨∧∨∧∨∧∨∧∨∧∨∧∨∧∨∧∨∧∨∧∨∧∨∧∨

앞에서 개인 과외의 이점을 이야기했다. 흔히 아이에게 맞는 과외 교사를 찾기가 쉽지 않을 거라고 생각하는데, 의외로 매우 간단한 방법이 있다. 만일 돈에 여유가 있다면 실력 있는 고액 과외 교사를 고용하는 것도 좋다. 그러나 이렇게 하려면 상당한 지출을 각오해야 한다. 소개 회사를 이용하지 않고 좋은 과외 교사를 만나려면 무엇을 어떻게 해야 할까?

우수한 대학생을 저렴하게 고용할 수 있는 가장 좋은 방법은 대학에 문의하는 것이다. 다시 말해 대학교 취업정보실에 직접 전화해서 '과외 교사 모집' 광고를 부탁하는 것이다. 이렇게 하면 몇몇 학생에게 연락이 올 것이다. 그러면 먼저 전화 거는 태도로 학생을 추린다. 하는 말에 요점이 없거나 요령이 부족하거나 윗사람을 대하는 언어 사용이 올바르지 않다면, 아무리 일류대학에 다니는 학생이라도 좋은 과외 교사가 아니다.

전화 거는 방법이 마음에 드는 학생이 있다면 이번에는 면접 약속을 정한다. 면접이라고 하면 간단히 집에서 만나는 정도로 생각하기 쉽지만 그보다는 호텔 커피숍을 이용하도록 하자. 호텔 커피숍에서 면접을 본다고 하면 학생도 긴장할 것이기 때문이다.

아이를 가르칠 마음이 있는 사람이라면 지금까지 아이를 가르쳐본 경험을 증명할 수 있는 자료를 가져올 수도 있지만 그것은 운 좋은 경우이고, 이 단계에서는 면접에 임하는 학생의 자세만 본다. 정장이나 비싼 옷을 입고 와야 한다는 뜻은 아니다. 단정하고 깨끗한 차림으로 나오면 충분하다.

그리고 실제로 만나서 이야기할 때는 상대방의 눈을 똑바로 쳐다보면서 이야기하는지 확인하고, 동시에 그 사람이 주는 '느낌'을 중요시하자. 성격도 시원시원하고 성적도 우수하지만 어쩐지 느낌이 좋지 않을 수도 있다. 이럴 때는 자신의 느낌을 따르도록 한다. '느낌'은 사람을 판단하는 매우 중요한 요소다.

면담이 끝난 뒤에는 2만 원 정도의 '교통비'를 준다. 아마 아르바이트 면접에서 면접비를 받는 학생은 거의 없을 것이다. 그러므로 교통비를 받은 학생은 '부모의 마음'도 느낄 수 있고, 무엇보다 '좋은 자리다. 꼭 잘되면 좋겠다'라고 바라게 된다. 이렇게까지 신경을 써주는 부모는 적겠지만 꼭 한번 실천해보자.

과외 선생님과 인간적인 교류를 하라

이쯤 되면 마음속으로 어느 정도 결정을 내리게 되는데, 아직 가장 중요한 한 단계가 더 남았다. 바로 아이와 함께 만나보는 것이다. 가능하면 레스토랑에서 온 가족과 함께 식사를 한다. 너무 비싼 레스토랑일 필요는 없지만 적당히 고급스러운 장소가 좋다. 이때는 식사를 대접하는 것이므로 교통비는 주지 않아도 된다.

무엇보다 중점을 두어야 할 것은 자녀와 잘 맞는가 하는 것이다. 아이를 어떻게 대하는지, 대화는 잘 이끌어내는지, 아이의 반응은 어떠한지 등을 관찰한다. 그와 동시에 학생의 '식사 태도'도 체크한다. 음식을 먹는 모습을 보면 그 사람의 인성을 엿볼 수 있다. 음식을 맛있게 먹고, 먹는 모습이 예쁘고, 식사하면서 즐겁게 이야기를 나누는 학생이라면 우선 합격점을 주어도 좋다. 두 번의 면접은 과외 교사에게 '잘해야겠다'는 각오를 심어준다. '학부모의 기대에 부응하고 싶다'는 마음은 나중에 아이를 가르치는 데 큰 영향을 준다.

그리고 집으로 돌아와서 아이의 의견을 차근차근 들어보자. 부모 마음에 들어도 아이가 싫어하면 좋은 관계를 맺기 어렵다. 물론 아이의 친구를 찾는 건 아니지만 이것은 중요한 문제다. 아이가 마음에 들어 하지 않으면 다른 교사를 구하는 수밖에 없다.

부모가 과외 교사에게 가장 먼저 바라야 하는 점은 아이를 가족처럼 생각해주는 것이다. 아이러니하지만 공부는 그 다음 일이다. 그런 관계를 맺기 위해서는 무엇보다 고용 관계를 넘어선 사이가 되어야 한다. 언뜻 어려울 것 같지만 여러 단계를 거쳐서 뽑은 과외 교사라면 처음부터 끈끈하게 맺어졌다고 할 수 있다. 그리고 이는 매우 중요한 요소다.

이제 정식으로 아이를 맡기게 되었다면, 공부를 마친 뒤에 식사를 하거나 차를 마시면서 이야기를 나누는 시간을 갖자. 지방에서 온 학생이라면 이런 시간을 좋아한다. 함께 밥 먹고 취미 등의 이야기를 나누며 친한 관계를 맺으면 아이에게 더욱 신경을 쓸 것이다.

주입식 학습은
건전한 호기심을 망친다

부모라면 누구나 자식이 더 나은 인생을 살기 바라고, 가능하면 공부를 잘해서 좋은 대학에 들어가기를 바란다. 그러나 한편으로 '공부는 못해도 좋으니까 적성에 맞는 일을 찾아서 열심히 살면 그것이 바로 행복'이라고 생각하는 부모도 있다.

나는 지금까지 '본격적인 공부는 열네 살, 그러니까 중학교 1학년부터가 좋다', '사내아이한테는 공부보다 노는 것이 중요하다'는 말을 되풀이해서 강조했다. 그렇지만 공부를 잘하는 것이나 시험을 잘 봐서 좋은 학교에 들어가는 것 자체를 부정할 마음은 없다. 물론 좋아하는 일을 찾아 몰두하는 것은 인생을 행복하게 만드는 데 빼놓을 수 없는 조건이지만, 그렇다고 공부는 내팽개치고 좋아하는 일에만 몰두하는 것은 곤란하다.

축구를 좋아하는 아이가 모두 데이비드 베컴이 될 수 없고, 야구를 좋아하는 소년이 모두 베이브 루스가 될 수 없으며, 만화를 좋아하는 아이가 모두 미야자키 하야오가 될 수는 없다. 하고 싶은 일을 하면서 그 일로 밥벌이까지 하려면 엄청난 노력과 재능이 있어야 하고, 나아가 일반 사회에서보다 더 가혹한 경쟁을 해야 한다.

만일 여러분의 자녀가 세상이 깜짝 놀랄 만큼 재능이 뛰어나고 여러분도 아이를 완벽하게 뒷바라지할 수 있을 만큼 돈이 많다면 '공부는 못해도 좋다. 네 길을 가라' 하고 밀어주어도 좋다. 그러나 그렇지 않다면 좋아하는 일은 평생 취미로 즐기게 하고, 어른이 된 뒤에 사회에 공헌할 수 있도록 똑똑하게 키워야 한다. '똑똑한 사람'이란 어려운 문제가 생겼을 때 해결 방법을 찾아내는 번뜩임과 유연한 발상, 지식과 경험으로 무장한 예술적 교양 따위를 갖춘 사람을 말한다. 결코 성적이 좋은 사람이 아니다. 마찬가지로 교육의 목표는 '두뇌 자체를 좋아지게 하는 것'이지 시험에서 좋은 점수를 받게 하는 것이 아니다.

하지만 일단 명문대학 합격을 목표로 정했으면 합격점을

받는데 온 신경을 집중해야 한다. 당연히 입시의 목표는 커트라인이라도 좋으니 합격점을 받아서 입학하는 것이기 때문이다. 그런데 이러한 목표의 공부 방법에는 문제가 있다.

사내아이를 성장시키는 공부의 요소

'시험공부는 암기가 최고'라고 생각하는 부모나 교사가 적지 않다. 특히 엄마가 심하다. 물론 시험을 보기 위해 외워야 할 것이 워낙 많기 때문에 그렇게 생각하는 것도 무리는 아니다. 그 때문에 연습장에 영어 단어를 수십 번씩 쓰고, 수식이나 연호 등을 통째로 외우면서 그야말로 '머리에 담을 수 있을 때까지 쑤셔 넣는' 것이 가장 좋은 방법이라고 믿는다. 그러나 이런 식으로 공부하면 몸과 마음이 모두 금방 지쳐버린다.

왕성한 호기심과 마음의 여유는 아이의 성장에 빼놓을 수 없는 요소다. 호기심이 없는 사람은 새로운 것을 흡수하지 못한다. 새로운 것을 흡수하지 못한다는 것은 자기방어력이 높고 나와 다른 타인의 의견을 쉽게 받아들이기 어렵다는 이야기다. 문제가 생겼을 때 주변 분위기를 파악하고 대안을 제시해야 하는데 자기 프레임에 갇혀 고집을 피우기 일쑤다. 이처럼 공감력이 떨어지면 교우 관계에도 문제가 생긴다. 마음이 메마르면 남과 사귀지 못할 뿐만 아니라 예술을 즐길 줄도 모른다. 특히 이공계처럼 '새로운 것을 만들어내는 분야'는 호기심이 없으면 시작조차 할 수 없다.

호기심은 자연과 접하거나 친구들과 어울려 놀면서 받은 외부 자극으로 활성화되고 더욱 커진다. 이렇게 자란 호기심은 미지의 일을 접했을 때 마음껏 탐구해보고 싶다는 욕구의 원동력이 된다.

그런데 외부 자극을 모두 차단하고 암기에만 집중하는 주입식 학습으로는 호기심을 채울 수 없다. 오히려 주입식 학습을 방해하는 것이 바로 호기심이다. 가령 30개의 영어 단어를 외워야 할 때 '이 단어의 어원은 무엇일까?' 하고 생각의 가지를 뻗어나가다가는 30개는커녕 5개도 외우지 못한다.

그러나 어렸을 때부터 주입식 학습에 젖어서 외우기만 잘하는 아이와 공부하는 틈틈이 궁금증을 풀어가는 '재미'를 발견한 아이 중 어느 쪽이 더 똑똑한지는 말할 필요도 없다.

호기심은 책상 앞에 오래 앉았다고 왕성해지는 것이 아니다. 친구와 놀면서 생긴 궁금증을 어떻게든 해결하려고 노력하는 가운데 스스로 깨닫는 기쁨을 많이 경험해본 아이일수록 호기심이 왕성하고, 공부에서도 원리를 잘 찾는다.

시험을 잘 보려면 아는 게 많아야 한다. 그렇다고 주입식 학습으로 지식 채우기에만 급급해서는 안 된다. 단시간에 학습 효과를 높여주는 밑거름은 호기심을 자극하는 놀이라는 점을 기억하자.

목적 없이 공부한 아이의
비참한 말로

"공부에는 반드시 목적이 있어야 한다." 이렇게 말하면 모두 "맞는 얘기다. 어릴 때부터 좋은 학교에 합격하겠다는 목적을 갖는 것이 중요하다"라며 고개를 끄덕일 것이다.

　나는 공부하는 목적을 '명문대학 입학'으로 정하는 것에는 반대하지 않는다. 다만 왜 꼭 '명문대학'이어야 하는지, 지망 학교가 있다면 왜 그 학교여야 하는지 뚜렷한 이유가 있어야 한다고 생각한다. 예를 들어 '로봇공학을 공부하고 싶다', '우주사업에 공헌하고 싶다'와 같이 명확한 목적이 있고, 목적을 이루는 데 도움이 되는 대학을 목표로 공부하는 것은 매우 바람직하다. 그러나 '○○대학에 들어가면 성공한다'든지, '○○대학에 들어가면 좋은 회사에 취직할 수 있다'는 등의 막연한 바람을 과연 올바른 목적이라고 할 수 있을까?

요즘 전 세계적으로 젊은이들이 이공계를 기피하는 기이한 현상이 벌어지고 있다. 졸업 후 안정된 직업을 구하기 어렵다는 것이 가장 큰 원인인데, 이공계와는 달리 의과대학은 지원자들로 넘쳐난다. 불확실한 시대에도 경제적 안정과 높은 사회적 지위를 기대할 수 있기 때문이다.

너무 이상하게 들리지 않는가? 의과대학이란 본래 의사가 되고 싶어 하는 학생들이 모이는 곳이다. 의대생들을 대상으로 실시한 설문조사에서도 '의사'하면 떠오르는 이미지는 맨 먼저 의료봉사였고 안정적 직업, 사회적 지위, 첨단 생명과학, 경제적 성공 순이었다. 이처럼 의과대학은 '병으로 고통 받는 사람을 돕고 싶다'는 숭고한 뜻을 품은 학생들이 공부하는 곳이다.

그런데 이제 그 구도가 무너지고, 의과대학은 단순히 '이공계 학생들의 꿈'이 되어버렸다. '특별히 의학에 흥미가 있는 건 아니다', '원래 생물 수업도 싫어했다'고 말하는 학생이 '의대는 이공계의 꽃'이라는 이유만으로 의학부에 입학하고 의사 면허를 따서 세상으로 나간다. 이것은 세상 경험이 거의 없는 인재가 학교 성적이 좋다는 이유만으로 재판관이 되는 것과 같다. 어떤가? 마치 엽기적인 공포영화 같다는 생각이 들지 않는가? 이런 현상이야말로 '목적 없이 공부한 아이의 비참한 말로'라고 할 수 있다.

공부만 잘하는 사람으로 만들고 싶은가?

일류대학을 목표로 밤낮없이 공부에 매달리는 일은 결코 즐겁지 않다. 잠잘 시간도 줄이고, 보고 싶은 텔레비전도 안 보고, 친구와 놀고 싶은 마음까지 억누르면서 모르는 문제가 나오면 죽기 살기로 씨름한다. 하지만 아이는 이루고픈 '꿈'이 있기 때문에 이런 모든 고행을 견뎌낸다.

'저 학교에 들어가서 마음껏 화학 실험을 하고 싶다'는 기특한 생각을 하는 아이도 있고, '도심 한복판에 있는 학교에 들어가서 유행에 민감해지고 싶다'는, 부모 마음에 들지 않는 생각을 하는 아이도 있다. 그러나 설령 불순한 동기일지라도 명확한 목적을 가지고 자기주도적으로 공부한 아이는 건전하고 학습 열의도 뜨겁다.

반대로 말하면 명확한 목적 없이 모든 즐거움을 참고 묵묵히 공부하는 아이는 오히려 길고 지루한 수험 준비기간을 견디지 못한다. 물론 개중에는 뚜렷한 목적이 없어도 "무조건 좋은 대학에 들어가야 돼! 합격하고 나서 놀아도 늦지 않아!"라는 부모님의 격려 아닌 격려 덕분에 열심히 공부하는 아이도 있다. 아무리 공부하라고 야단쳐도 말을 듣지 않는 아이를 둔 부모의 눈에는 정말로 부러운 존재다. 그 아이들은 친구들과 놀고 싶은 마음을 참으면서 학원에 가고, 신나게 뛰어놀아야 할 방학 때조차 특강을 들으러 다닌다. '왜 공부하는지' 생각할 여유는 당연히 없다.

그들이 열심히 공부하는 목적은 오로지 좋은 학교에 들어가기 위해서다. 최종 목표는 '일류대학 합격' 아니면 '의사나 변호사가 되는 것'이다. 이 모든 즐거움을 희생한 끝에 꿈에도 바라던 일류대학에 합격했다고 치자. 앞으로 그들은 어떤 사람이 될까? 결과는 불을 보듯 뻔하다. 그들은 틀림없이 '나는 일류대학 출신이니까 대단해'라며 잘난 척하는 사람이 된다. 그리고 고위 공무원이라도 되면 '나는 일류대학을 졸업한 고위 공직자니까 당신 같은 수준 낮은 사람은 날 감히 쳐다보지도 못해'라는 오만함과 방자함으로 똘똘 뭉친 권위주의자가 된다.

무리도 아니다. 그들은 공부 외에는 잘하는 게 없다. 취미도 없고, 아름다움을 사랑하는 예술적 감성도 없다. 유일한 자랑거리는 오로지 '학벌'뿐이다. 요즘 세상에는 이처럼 똑똑한 권위주의자가 정말 많다.

이쯤에서 엄마들에게 물어보자. 여러분은 이런 권위주의자인 남편과 살고 싶은가? "상관없다. 돈 걱정 없으니까 나는 나대로 인생을 즐기면 된다"라고 약삭빠르게 말하는 사람도 있을지 모른다. 하지만 여러분의 아들이 이렇게 타산적인 여자와 결혼한다면? 그래도 아들이 행복할 거라고 생각하는가? 나는 이런 사람의 인생, 특히 사회에서 은퇴한 뒤의 인생은 조금도 풍요롭고 행복하지 않을 것이라고 생각한다.

'어쨌든 합격은 중요하다'는 의견은 지당한 말이다. 그러나 왜 공부하는지, 무엇을 위해 공부하는지 목적을 잃어버리면 안 된다. 사랑하는 아들을 역겨운 권위주의자로 만들지 않기 위해서라도 '이 일을 하고 싶어서 그 학교에 간다'는 분명한 목적을 갖고 공부할 수 있게 도와주자. 이것은 아이 혼자만의 문제가 아니라 사회 전체의 문제다.

부모의 학벌 콤플렉스가
아이의 미래를 망친다

∨∕∨∕∨∕∨∕∨∕∨∕∨∕∨∕∨∕∨∕∨∕∨∕∨∕∨∕∨∕

대학에도 소위 등급이라는 게 존재한다. 대학입시에 성공한다
는 것은 가능한 한 상위 대학에 합격해서 순위가 높은 대학에
들어간다는 것을 뜻한다. 오랫동안 사회를 좀먹어온 '학벌주
의'의 뿌리가 여기에 있다.

  그러나 학벌주의가 붕괴하고 있다. 연일 신문에 오르내리
는 수많은 뇌물 사건의 장본인들 가운데 상당수가 소위 '일류
대학' 출신이라는 것만 보아도 알 수 있는 사실이다. 그런데 수
험생 자녀를 둔 부모는 아직도 '일류대학에 가야 성공한다'는

생각을 버리지 못하고 있다.

그중에서도 부모가 고학력이거나 일류대학 출신일수록 그런 경향이 강하다. 또 그와는 반대로 고등학교만 나온 부모도 학벌주의 사회에서 느낀 열등감 때문에 좋은 대학을 나와야 사회에서 인정받는다고 생각한다. 고학력이 행복한 인생을 보장해준다고 믿는 것 같다. 이런 점들을 생각하면 지금까지 우리 사회를 지배해온 '명문대 신앙'을 우려하지 않을 수 없다. 그야말로 '명문대교(敎)'라는 신흥 종교라고 해도 좋을 정도다.

명문대교를 믿는 부모의 자녀는 불쌍하다. 명문대학 출신인 부모는 자녀에게 '내 자식이라면 내가 나온 대학 정도는 가야 한다, 나도 했는데 네가 못할 리 없다'며 어렸을 때부터 아이를 억지로 학원에 보낸다. 성적이 떨어지면 불같이 화를 내고, 아직도 부족하다며 과외 교사를 붙여서 놀 시간은커녕 잠잘 시간까지 줄여가며 가혹한 입시 준비를 시킨다.

한편 많이 배우지 못한 부모도 "나처럼 살지 마라", "아버지처럼 되면 안 돼"라는 소리를 입에 달고 살면서 아이에게 공부를 강요한다. 유치원부터 대학까지 소위 엘리트 코스를 밟은 아버지는 자기 아이도 그렇게 만들려고 애쓴다. 고졸 학력의 아버지도 자기 자식은 조금이라도 나은 대학에 보내려고 한다. 두 가지 모두 부모가 자신의 학력에 얽매여 자녀가 진학할 학교를 결정하는 어리석은 잘못을 범하는 것이다. 본래 주인공인 아이의 선택권을 빼앗았기 때문이다.

여기에는 '학교에 다니는 것은 부모가 아닌 아이'라는 너무 나도 당연한 관점이 완전히 배제되어 있다. 대학 시험을 치르는 것도, 학교에 다니는 것도 부모가 아닌 자녀다. 그런데 지망 학교를 결정할 때 아이의 개성을 존중하기는커녕 의사조차 물어보지 않은 채 '부모가 다닌 학교니까'라든지 '부모가 다니고 싶었던 학교니까', 심지어 '부모가 갖지 못했던 간판을 딸 수 있으니까'라는 잘못된 기준으로 학교를 선택하지 않는가? 현실에서는 많은 부모들이 이런 잘못을 저지른다.

학력이 신분상승의 조건이던 시대는 끝났다

아이가 놀 시간과 잠잘 시간까지 줄여가며 공부해서 부모가 바라던 학교에 들어갔다고 치자. 그런데 어느 날 학교가 적성에 맞지 않는다고 말하면 어떻게 할 것인가? "어리광 부리지 말고 그냥 다녀. 그래야 출세할 수 있어"라고 꾸짖을 것인가?

자녀가 등교를 거부하거나 집에만 있으려고 하는 원인 가운데 하나는 아이의 개성과 학교 분위기가 맞지 않기 때문이다. 아이가 학교에 가기 싫어하게 된 뒤에 '아이가 원하는 학교에 보낼 걸' 하고 후회하면 그때는 이미 늦는다.

학교에 다니는 사람은 자녀다. 아이가 좀 더 즐겁고 활기차게 학창 시절을 보낼 수 있도록 학교 분위기가 아이와 맞는지, 아이의 개성을 펼칠 수 있는지에 주안점을 두고 지망 학교를 선택해야 한다.

특히 부모가 고학력이고 명문대학 출신일수록 상위 학교 입학을 목표로 아이를 몰아가는 예가 많다. 아버지가 최고 대학을 나온 경우는 더욱 심해서 "일류대가 아니면 대학도 아니다"라며, 이유를 막론하고 일류대에 초점을 맞춰 아이가 어릴 때부터 학원에 보내고 고액 과외를 시키는 등 오로지 일류대 합격만을 목표로 아이를 다그친다. 그 결과 호기심과 감성을 길러야 할 소년 시절을 잃어버린 아이는 자라서 사회에 적응하지 못하는 은둔형 외톨이나 니트족이 되어버린다.

부모 세대는 성공한 인생을 보장받기 위해 앞만 보고 달려야 하는 학벌 중시 사회에서 성장했다. 학력이 신분상승의 기본 요건이자 성공의 바탕인 시절이었다. '성공해서 집안을 일으켜야 한다'는 막중한 책임감과 사명감에 시달리는 사람이 많았다. 그 결과 얼마나 많은 부작용이 생겨났는가. 사회는 많이 배운 사람보다 믿을 수 있고 사회에 공헌할 수 있는 사람을 원한다. 행복한 인생은 성적순으로 결정되는 것이 아니다.

많이 배운 사람일수록 위대하다는 공식은 이미 깨져버렸다. 그런데도 부모들은 여전히 '고학력' 망상에 사로잡혀 있다. 참된 부모라면 다시 한번 곰곰이 생각해볼 문제다.

15

부모의 '명문대' 환상이
헛똑똑이를 만든다

∨∨∨∨∨∨∨∨∨∨∨∨∨∨∨∨∨∨∨∨∨∨∨∨∨∨∨∨∨

"도쿄대학에 들어가기만 하면 세상이 인정하는 성공한 사람이
되고 인생관도 바뀐다."

이는 2005년 일본에서 텔레비전 드라마로 제작되어 도쿄
대학 지망생 수를 크게 늘린 만화 〈드래곤 사쿠라〉에서 주인공
겐지 선생이 학생들에게 주장한 말이다.

만화의 내용은 이렇다. 막대한 빚을 지고 도산 직전에 몰린
삼류 고등학교에 학교 재건을 발판으로 삼아 출세하려는 삼류
변호사가 온다. 그는 '5년 뒤 도쿄대학 100명 합격'이라는 목

표의 어마어마한 프로젝트를 개시한다.

〈드래곤 사쿠라〉에서 전직 변호사인 사쿠라기 선생이 "우리가 어떻게 도쿄대학에 들어가요!"라고 반항하는 남학생에게 강조한 말이, 앞서 소개한 "도쿄대학에 들어가기만 하면…" 이라는 '도쿄대학지상주의' 발언이다.

확실히 고위 공무원이나 정·재계 지도자, 언론인, 법조인, 그리고 IT 기업의 CEO에 이르기까지 일본의 중추를 차지하고 있는 사람들은 대부분 도쿄대학 출신이다. 그러니 '학벌은 곧 그 사람이다. 일본에서 제일 좋은 대학인 도쿄대학에 들어가지 못하면 진정한 승자가 될 수 없다'고 말하는 부모가 있는 것도 무리는 아니다. '평생 안정된 지위를 누릴 수 있고 어디서든 최고의 자리에 설 수 있다'는 것을 신조로 '도쿄대학에 들어가기만 하면 된다'고 생각하는 부모가 많다.

그렇다면 이것이 과연 올바른 현상일까? 나는 '도쿄대학에 들어가기만 하면 지위와 명예, 부를 마음껏 누릴 수 있다'는 도쿄대학 지상주의, 아니 도쿄대학 신화를 다시 한번 깊이 생각해야 할 때가 되었다고 생각한다.

똑똑한 머리를 돈벌이에만 쓰는 기업가나 국익에 반한 행위를 버젓이 저지르는 공직자, 불상사가 끊이지 않는 방송국과 신문사, '이러다가 나라꼴이 어떻게 될까' 하고 걱정하게 만

드는 무리들 대부분이 도쿄대학 출신이라는 사실을 알고 있는
가? 이것이 일본 최고 대학을 나온 사람들의 실태라는 것을 인
식해야 한다.

지금 도쿄대학을 다니는 학생들 대부분은 어렸을 때부터
공부만 하느라 호기심도 감수성도 충분히 기르지 못했다. 물론
공부는 잘할 것이다. 그러나 새로운 것을 만들어내는 창조력과
판단력, 그리고 배우고자 하는 불타는 의지가 없다. 이런 인간
로봇들은 낡은 시스템은 유지할 수 있어도 새로운 시스템을 구
상하거나 구축하지는 못한다. 오늘날과 같은 변혁기에 그들에
게 새로운 비전을 바란다는 것은 도저히 불가능하다는 것이 바
로 일본 최고 학력자들에 관한 실태다.

사내아이의 유연한 발상력을 죽이는 주입식 교육

이에 반해 좋은 대학에 들어가지 못했다는 좌절감을 안고 사회
에서 흔히 이류, 삼류라고 부르는 대학밖에 가지 못한 학생들
은 어떨까? 그들은 낡은 시스템에 의심을 품는다. 그리고 좀 더
좋은 사회를 만들기 위한 비전을 펼쳐 보이고 고정관념에 얽매
이지 않는 기발한 발상을 해낸다.

이류 · 삼류 대학에 다니는 학생들 중에는 중 · 고등학교 때까지 동아리 활동에 열심이었거나 충분히 놀아본 사람이 많다. 집과 학원만 오가면서 책상 앞에 붙어살던 학생에 비해 다양한 체험을 쌓은 것이다.

어렸을 때 충분히 놀아본 경험, 동아리 활동을 하면서 겪은 좌절, 인간관계에서 느낀 쓴맛, 그리고 일류대학에서 떨어진 패배감을 모두 맛본 그들은 공부만 하느라 다양한 체험을 쌓지 못해 창조력도 상상력도 없는 도쿄대학 학생에 비해 인간미 넘치는 사람이 될 가능성이 훨씬 높다. 어쩌면 그들은 이미 요즘 시대가 요구하는 재기발랄한 생각과 융합의 힘으로 세상을 바꾸고 변화를 주도해나가고 있을지도 모를 일이다.

우리의 자녀가 시대정신에 어긋나지 않기를 바라는가? 당신의 자녀가 세상에 속도에 쫓기기를 바라는가? 그렇지 않다면 아이의 다양성을 인정하고 누구보다 많은 경험을 체험하게 해줘야 한다.

태평양전쟁이 끝나고 80년이라는 세월이 흐르는 동안 일본 사회의 가치관은 놀랄 만큼 변했다. 이제 이 시대가 원하는 사람은 낡은 시스템을 지키는 데 급급하고 거만하게 구는 고학력자가 아니다. 고정관념을 깨고 새로운 가치관을 구축할 힘이 넘치는 인재다. 주입식 교육으로 유연한 발상력과 기력을 잃은 권위주의자가 '과거의 유물'은 고사하고 사회에 짐만 될 날이 그리 멀지 않았다.

'도쿄대학만 나오면 만사 오케이'라는 도쿄대학 신화는 이제 환상이다. 더 이상 사회에 도움이 되지 않는 주체성 없는 남자들을 만들어내지 않기 위해서도 부모가 눈을 떠야 한다.

암기 학습은
아이를 망치는 지름길이다

일본에서는 보통 아이가 초등학교 4학년이 되었을 무렵 중학교 입시를 준비한다. 공립중학교에 입학하는 것에 불만이 없는 부모가 극히 소수이기 때문이다. 물론 공립중학교 중에서도 열의가 넘치는 선생님이 있고, 아이를 안심하고 맡길 수 있는 환경이 조성된 곳도 있다. 하지만 현실은 녹록하지 않다. 아이를 위해 고민할 시간이 없는 피폐해진 선생님들과 열악한 시설이 현재 일본 공립중학교의 현실이다.

이런 이유로 아이를 공립중학교에 맡기는 것이 걱정되어

사립중학교 입학을 목표로 아이들을 닦달하는 사람들이 많다. 어쩌면 당연한 일이라고도 할 수 있겠다. 입시 전문가로서 중학교 입시를 부정할 생각은 없다. 하지만 '더 나은 중학교를 보내기 위해 가능한 한 빨리 학원에 보내 입시 공부를 시키겠다'라는 생각에는 단호하게 반대한다.

많은 부모가 모든 아이의 발달이나 성장 속도에는 개인차가 있다는 점을 간과한다. 아이가 더 어렸던 시절, 좀처럼 서질 못해서, 말을 하지 못해서, 신발을 혼자서 신지 못해서, 양치질을 혼자서 하지 못해서 등 사소한 일들에 부모는 '다른 애들은 할 수 있는데 우리 애는 왜 이럴까?'라는 걱정을 하곤 한다. 이는 많은 부모가 겪는 불안이다.

말을 할 수 있든 없든, 신발을 혼자서 신을 수 있든 없든, 양치질을 혼자서 할 수 있든 없든 아이들은 자신에게 맞는 속도로 자라고 있다. 여기서 유일한 문제는 부모의 초조함과 불안감이 만들어 낸 호들갑이다. 4학년은커녕 3학년 때부터 부모님이 모르는 사이 숙제를 하고, 예습, 복습을 하는 아이가 있는가 하면, 그제야 학원에 들어갔지만 어마어마한 속도로 수업을 따라가 방대한 양의 암기를 척척 해내는 아이도 있을 수 있다. 이런 아이들은 누구나 부러워할 학교에 무난하게 합격할 것이다.

물론 이런 아이는 특별한 아이일지도 모른다. 이런 아이들은 초등학교 때부터 엄격한 지도를 받더라도 큰 부작용이 없기 때문이다. 하지만 보통 이 나이대의 아이들은 엄격한 지도가 바탕이 된 방대한 양의 공부를 견디지 못한다.

학원에서의 공부는 문제를 잘 읽고 이해하여 새로운 사고 방식을 도출해내는 것과는 거리가 멀다. 실제로는 시험 문제를 잘 풀기 위하여 방대한 양을 암기하는 것이 대부분이다. 배운 것을 면밀하게 이해하고 자신만의 방식을 곁들여 외운다면 문제가 없을 것이다. 하지만 시험 점수를 잘 받기 위한 학원 공부는 세부적인 것을 억지로 암기하는 게 현실이다.

무작정 암기하면 공부 머리가 파괴된다

흔히 '그냥 외우기만 하면 돼!'라고 말하는 부모가 있다. 이는 아이의 두뇌 발달에 매우 좋지 않다. '뇌에 새겨 넣었다'라고 생각이 들 정도로 반복하여 암기했더라도 그건 일시적인 기억일 뿐 시간이 지나면 잊힌다. 원래 암기력은 그 아이가 가진 흡수 능력에 비례하기 때문이다. 즉 흡수 능력이 높으면 남보다 많은 것을 암기할 수 있지만, 흡수 능력이 낮은데도 암기를 강요하면 아이의 공부 머리는 부서지게 된다. 부서진다는 말이 과격해 보일 수도 있지만, 나는 이런 학습법을 강요받아 껍데기만 남은 아이들을 여럿 보았다. 이런 아이들은 무기력하고, 눈에 총기가 없으며, 어느 것에도 흥미를 느끼지 못한다.

또한 성적도 낮아진다. 암기를 너무 많이 하면 국어 능력이 떨어져 선택지를 꼼꼼하게 읽는 힘이 약해진다. 또는 수학적인 사고가 약해지기도 한다. 판단력, 사고력, 감수성도 감퇴한다.

원래 유년기 남자아이는 왕성한 호기심으로 세상을 누비며 온갖 재미있는 것을 발견하며 성장한다. 하지만 뇌에 억지로 정보를 집어넣는 암기 학습을 너무 많이 하면 이러한 '재미있는 것을 발견하는 힘'을 상실하게 된다. '그런 것보다 시험 점수만 잘 받으면 그만'이라는 생각은 일차원적인 생각이다. 암기 학습에 익숙한 아이는 객관식 시험에는 능할지 모르지만, 주관식 시험에는 굉장히 서투르다. 하물며 논술을 할 수 있을 리가 없다. 오늘날 대학 입시에서 객관식만 잘 푸는 아이는 더 이상 설 곳이 없기에 지금이라도 생각을 고쳐먹길 바란다.

대학이란 교수에게 배우는 공간이다. 교수들은 대개 특유의 문체로 이야기하기 때문에 대학은 '논설문을 이해할 수 있느냐?'를 최저 조건으로 삼는다. 동시에 교수들은 학생에게 논설체로 쓰인 책을 읽게 하고, 더 나아가 자신의 생각을 논리적으로 써올 것을 요구한다. 즉 고등학교를 졸업하며 논설문을 읽거나 쓸 수 없으면 대학에 들어가도 의미가 없다.

'암기 학습은 중학교 입시에만 활용하고, 고등학교에서 독해력, 사고력을 연마하면 된다'라고 생각하는 사람도 있다. 하지만 사람에게는 성장기라는 게 있다. 호기심, 감수성 등 공부로는 생겨나지 않는 능력은 초등학교 때 길러놓지 않으면 영영 돌이킬 수 없다.

노는 만큼 자라는 아이들

중학교 입시부터 수험에 몰두하여 겨우 원하는 중학교에 입학하고, 이후 비슷하게 고등학교에도 입학했다고 가정해보자. 이런 학교들은 일류대학 진학 학생 수를 늘려야 학교의 위상이 높아지기 때문에 학생들에게 공부를 매우 열심히 시킨다. 이곳에서 아이는 '합격해서 중학생이 되면 마음껏 놀면 된다'라더니 '고등학생이 되면'으로 바뀌고, 이내 '대학생이 되면'이라고 바뀌는, 노는 것이 점점 미뤄지는 경험을 하게 된다.

이런 아이는 암기로 익힌 지식은 머리에 담겨 있지만, 몸으로 익힌 지식이나 감수성은 하나도 없는 매력 없는 사람이 되어버린다. 이런 아이는 일류대학에 합격하기 매우 어렵다. 왜

나하면 일류대학에서는 스스로 새로운 것을 만들어낼 수 있는 학생을 찾기 때문이다.

이런 학생을 시험으로 걸러내는 것은 어렵다고 생각할 수도 있다. 하지만 '논술'이 이런 학생을 걸러낸다. 오늘날 일류대학은 누군가가 대신 적어준 '모범 답안'을 외워 적은 학생이 아닌 기상천외하지만 독특한 관점이 돋보이는 학생이 입학하기를 더욱 원한다. 게다가 대학 대부분이 AI(인공지능)로 대체할 수 없는 탐구심, 사고력, 표현력이 뛰어난 학생을 입학시키고자 하는 것이 요즘 대학 입시의 트렌드다.

이런 환경에서 감수성이 풍부하게 자라는 초등학생 시기를 암기 학습에 소비하여 이후 중학교, 고등학교에서도 필사적으로 암기에만 매달린 아이는 좋은 평가를 받기 어렵다. 그렇다고 좋은 대학에 갈 수 없다는 뜻은 아니지만, 일류 대학에 입학하여 두각을 드러내기는 어렵다.

'더 이상 공부할 필요가 없다는 것인가? 자유롭게 좋아하는 것만 하게 내버려 두란 말인가?'라고 물을 수도 있겠다. 조금 과격한 대답이지만, 나는 그렇다고 대답할 것이다. 초등학교 때부터 공부에 매달린 아이는 '좋아하는 것'이 무엇인지 떠올리지조차 못한다. 즐긴다면 온라인 게임 정도가 전부인 학생을 어느 기업이 데려가고 싶어하겠는가?

나는 항상 남자아이는 14세가 될 때까지 놀게 내버려 둬야 한다고 주장한다. 남자아이는 자연 속에서 몸을 쓰며 어린 시절을 보내야 한다. '4학년부터 준비하면 너무 늦는다'라고 말하는 사람은 무시하라. 학원은 6학년 여름방학부터 보내도 늦지 않다. 아이의 수준에 맞는 학원을 찾고, 가능하다면 통학에 긴 시간이 걸리지 않는 학교를 목표로 하는 것을 추천한다. 아이의 수준을 고려하지 않고 '조금이라도 학업 수준이 높은 학교로 보내야 한다'라는 생각은 접어두길 바란다.

초등학교 때 기대만큼 성적이 나오지 않는 아이는 머리가 나쁜 게 아니라 단순히 공부 머리가 늦게 트이는 아이일 수도 있다. 초등학교 때 충분히 놀았고, 다양한 체험을 쌓았고, 자기만의 습관과 가치관을 정립한 아이는 공부할 시기가 오면 성적이 쑥쑥 오른다. 눈이 뜨인 것처럼 문제가 풀리고, 이해가 쏙쏙 되며, 점점 똑똑하다는 소리를 듣게 된다.

자연에서 놀면 자연히 성적이 오른다

중학교 입시가 마음대로 되지 않으면 세상이 무너진 것처럼 한탄하는 부모가 있다. 하지만 지방 일반고등학교에도 도쿄대에 입학하는 사람이 분명 있듯이, 시작은 수수해도 화려한 마무리를 보여주는 사람이 있기 마련이다. 중학교 입시뿐 아니라 고등학교, 대학교, 나아가 아이가 인생에서 눈부신 결과를 내게 하고 싶다면 초등학교 시절에 자연을 체험시켜야 한다.

자연 속에서는 재미있는 일도, 무서운 일도, 별의별 예측할 수 없는 일이 일어난다. 그런 경험을 쌓으면서 아이들은 순발력과 호기심을 자극받고, 기르게 된다. 그뿐만이 아니다. 자연 속에서 겪은 여러 체험은 '경험의 보물창고'가 된다. 작문이든, 소논문이든 쓸 재료가 풍부해지는 셈이다. '자신의 행동을 책임진 경험에 관해 서술하시오' 같은 막연한 주제가 제시되더라도 자연 속에서 역할 분담을 했던 이야기를 떠올릴 것이다. '환경 오염에 관해 자신의 관점을 제시하고, 실천한 경험을 서술하시오' 같은 문제에는 강변에 떨어진 비닐봉지를 주웠던 경험이 곧 떠오를 것이다.

남자아이 중에는 특히 작문을 잘하지 못하는 아이들이 많고, 수험생이 되어 고생하기 쉬운데, 이는 '경험'이 적기 때문이기도 하다. 가능한 한 많은 체험을 하게 하여 쓸 '재료'를 늘리면 글쓰기가 어렵지 않게 느껴진다. 중학교 입시를 고민하고 있다면 꼭 유념하길 바란다.

PART 3
완벽한 아들을 둔
부모들의 공통점

여러분의 자녀는 무엇을 좋아하는가?

어떤 일에 관심이 있는가? 어떤 일에 열중하는가?

적어도 이 물음에 자신 있게 대답할 수 있기 전까지는

아이의 진로를 생각하면 안 된다.

"내 아이는 내가 제일 잘 안다"라는
착각을 버려라

이 책을 읽는 사람은 대부분 어떻게 하면 아들이 좀 더 잘 살 수 있을까, 좀 더 행복한 인생을 보낼 수 있을까 진지하게 고민하는 부모일 것이다. 그런데 이때 "자기 아들을 얼마나 아는가?"라고 질문한다면 "속속들이 알고 있다!"라고 자신 있게 대답할 수 있는 사람이 얼마나 될까? '내 아들은 부모인 내가 가장 잘 안다'고 믿는 것은 본인 생각에 불과한 건 아닐까?

가끔은 다른 엄마에게 '○○는 섬세하다'는 말을 듣거나 담임교사에게 "○○는 요즘 기운이 없어 보이는데, 집에 무슨 일이라도 있습니까?"라는 말을 듣고 놀란 경험이 있을 것이다. 그렇다. 부모는 자식의 모든 것을 안다고 단정할 수 없다. 바꿔서 생각해보자. 여러분은 가족에게 자신의 모든 면을 보여주는가? 가족에게는 말하지 않았지만 가수 ○○를 좋아한다든지, 혼자 생각이지만 친척 ○○가 싫다든지, 사교적으로 보이지만 혼자 책 읽는 걸 더 좋아한다는 등 작은 비밀은 있을 것이다.

배우자도 마찬가지다. 결혼한 지 수십 년이 지난 부부도 '남편(또는 아내)의 뜻밖의 모습'을 발견할 때가 종종 있다. 아이도 그렇다. 부모가 몰랐던 의외의 면도 있고, 부모에게는 보여주지 않는 얼굴도 있다. 그러니 아이에 관해서만은 '나는 부모니까 우리 아이를 제일 잘 안다'고 자신하는 것은 어떤 의미에서는 매우 위험한 일이다.

옛날에는 자식이 많은 탓에 부모가 한 아이한테만 신경 쓸 수 없었지만, 자녀를 적게 낳는 요즘에는 아이에게 온갖 기대와 관심을 쏟아 붓는다. 아이가 좋은 중학교, 특목고, 명문대학을 나와 대기업에 취직해서 안정된 생활을 하게 된다면, 부모의 노후까지도 어느 정도 보장될 것이라고 생각하기 때문일지도 모른다.

아이에게 기대하지 말라는 뜻이 아니다. 부모가 자식에게 기대하는 것은 당연한 일이고, 기대는 애정의 또 다른 모습이다. 그러나 그 전에 우리아이가 어떤 아이인지부터 정확히 알아야 한다. 여러분의 자녀는 무엇을 좋아하는가? 어떤 일에 관심이 있는가? 어떤 일에 열중하는가?

적어도 이 물음에 자신 있게 대답할 수 있기 전까지는 아이의 진로를 생각하면 안 된다. 이를테면 아무리 이과 과목을 잘해도 생물에 흥미가 없는 아이에게 의대 진학을 목표로 삼게 하는 어리석은 짓은 하면 안 된다는 뜻이다.

사내아이를 냉정하게 관찰해야 하는 이유

여러분의 자녀는 여럿이서 경쟁하는 일을 좋아하는가? 라이벌이 있어야 열심히 하는 타입인가, 아니면 혼자서 조용히 하는 것을 좋아하는 타입인가? 아이를 제대로 파악하지 못한 상태에서는 아무리 잘 가르치는 학원이라 해도 아이를 보내면 안 된다. 마음이 여린 아이에게 다양한 아이들이 모여서 경쟁하는 입시 학원은 고통일 뿐이다.

'내 자식은 틀림없이 잘할 것'이라고 믿는 것은 바람직한 일이다. 그러나 그 전에 아이를 잘 관찰해서 아이에게 맞는 길과 방법을 찾아야 한다.

교육의 기본은 관찰이라고 생각한다. 본래는 교사가 모든 학생을 잘 관찰해서 개성과 적성을 파악한 뒤에 지도해야 마땅하지만, 여러분도 잘 알고 있듯이 오늘날의 공교육에 그런 세세한 부분까지 바라는 것은 무리다. 그러므로 부모가 아이를 냉정하게 관찰해야 한다.

그렇다고 아이를 하루 종일 감시하라는 뜻은 아니다. 먼저 아이가 무엇을 하면서 노는지, 어떤 일에 집중하는지 등을 관찰해 아이의 개성을 파악하자. 그리고 아이가 어떤 일에 열중하고 있다면 "정말로 그 일을 좋아하는구나", "아주 잘한다"라고 칭찬한다. 그러면 아이는 자신이 인정받았다는 기쁨과 자신감을 얻어, 좀 더 열심히 하겠다고 마음먹는다.

어떤 일에 자주적으로 참여하여 열심히 노력하는 모습을 인정받은 아이는 공부도 의욕적으로 한다. 이렇게 공부하면 부모가 강요해서 할 때보다 학습 능력이 훨씬 높아진다. 부모 마음대로 이상형을 그리지 않고 아이를 있는 그대로 보고 인정하는 것, 이것이 가장 좋은 교육이다.

거짓말을 '잘'하는 아이가
객관식에 강하다

이 세상은 거짓말로 가득하다. 하청업자에게 부정을 강요하고도 '하늘에 맹세컨대 지시하지 않았다'고 우기는 건설업자나, 스스로 부정을 저지르면서도 '나만 그런 건 아니다'라고 발뺌하는 하청업자, 부정을 감시해야 할 위치에 있으면서 '전혀 몰랐다'는 한마디로 사태를 무마하려는 행정기관…. 변명과 거짓말이 난무하는 비리 사건은 너무도 많다.

부모는 보통 아이에게 절대로 거짓말을 해서는 안 된다고 가르친다. 태연하게 거짓말을 하고도 양심의 가책을 느끼지 못

172

하는 어른으로 자라지 않기를 바라는 마음에서다. 그러나 어른들은 거짓말에도 '좋은 거짓말'이 있고, '때로는 거짓말을 해야 할 때가 있다'는 것을 알고 더러 선의의 거짓말을 하기도 한다.

가령 최근 기운도 없고 안색도 나빠진 사람에게 '당신에게는 사람을 활기차게 하는 에너지가 느껴진다'는 거짓말로 격려하는 것은 나쁜 일이 아니다. 또 새로 산 가방을 자랑하는 사람의 기분을 맞춰주기 위해 '잘 어울린다'고 말할 수 있다. 이럴 때 진실도 아니고 진심도 아니니까 '거짓말을 했다'고 비난해야 할까?

인간관계를 부드럽게 만들어주는 거짓말은 오히려 필요하며, 사람을 속이기 위한 거짓말과는 구별해서 가르쳐야 한다. 이로써 아이는 거짓말에도 종류가 있다는 것과 어떤 상황에서든 늘 진실만 말해야 하는 것은 아니라는 사실을 배우게 된다.

하지만 거짓말에도 종류가 있다는 사실을 모르는 아이는 어떻게 될까? 아주 쉽게 속는 어른이 된다. 이 세상은 의심할 줄 모르는 사람들을 속이려는 사기꾼들로 넘쳐난다. 협박전화를 걸어서 가족을 보호하고 있다며 돈을 부치라고 거짓말하는 '전화 사기'나 쓸모없는 임야 등을 사들인 뒤 개발 예정지라며 전화로 판촉공세를 벌여 고가에 되파는 '텔레마케팅 부동산 사기'도 흔하다. 뿐만 아니라 '이렇게 하면 반드시 돈을 번다'든지

'이걸 몸에 지니면 행운이 온다', '이걸 사면 나쁜 귀신이 물러 간다'는 이야기로 사람을 꾀는 등 믿지 못할 일이 많이 일어나는 세상이다.

이렇게 말하면 "맞아, 정직한 사람이 바보 취급을 당하는 세상이야"라고 말하는 사람도 있겠지만 '의심할 줄 모르는 사람'과 '정직한 사람'은 의미가 완전히 다르다. '의심한다'는 말 자체를 부정적으로 생각하는 사람이 많은데, 과연 그럴까? 아무리 귀가 솔깃해지는 이야기를 해도 "잠깐만!" 하고 멈추게 하는 냉정함과 이야기의 모순을 알아차리는 예리함은 현대를 살아가는 데 중요한 힘이 된다. 이것은 남의 일에 관심을 보이지 않는 도시인에게 더욱 필요한 것이다.

거짓말을 꿰뚫어보는 능력

최근 일본에서는 터무니없이 비싼 가격의 정수기를 파는 악덕 업자가 소비자들을 울린 일이 있었는데, 그 수법이 기가 막히다. 먼저 주택가에 "정수기를 무료로 드립니다. 우선 전화 주세요"라는 전단지를 돌린다. 그리고 전화가 오면 그 집을 방문해 값싼 정수기를 달아 간단히 염소 농도를 측정한 뒤 '어떻게 이런 물을 먹느냐'며 불안을 부채질한다. 그러고는 마침내 대형 정수기를 가져와 '이 정도는 돼야 염소를 완벽하게 제거할 수 있다'며 청산유수로 선전을 늘어놓는다. 말하는 사이사이 '트리할로메탄(수돗물을 소독·살균하기 위해 투입하는 염소가 물속의 유기화합물과 반응해서 생기는 물질로 암을 일으킴)'과 같이 어려운 단어를 섞어서 이야기하고, 혹시나 구입을 망설이는 것처럼 보이면 '한 달에 3만 원씩 5년만 내면 된다', '하루에 미네랄워터 한 병 사는 것보다 이득'이라며 생각할 틈도 주지 않고 밀어붙여서 결국 계약서에 도장을 찍게 만든다.

만약 상황을 조금이라도 냉정하고 객관적으로 판단할 수 있는 사람이라면 처음부터 '정수기를 그냥 줄 리 없다'는 것을 알고 전화를 걸지 않을 것이다. 만에 하나 영업사원을 불렀다고 해도 '한 달에 3만 원씩 5년 동안 내면 300만 원이나 된다', '정수기는 불순물만 제거하는 기계다. 깨끗하게 거른 수돗물과 미네랄이 풍부하게 들어 있는 미네랄워터를 비교한다는 건 말이 안 된다'는 판단을 내릴 수 있다. 결국 잘 속는 사람이란 정직한 사람이 아니라 냉정함과 객관적 판단력이 부족한 사람이다.

아이는 냉정하지도 않고 객관적인 판단을 할 수 있는 힘도 없다. 그렇기 때문에 어렸을 때부터 '모든 일에는 이면이 있고, 거짓말은 어쩔 수 없이 존재한다'는 사실을 자연스럽게 가르쳐야 한다.

거짓말을 가르치는 데 가장 도움이 되는 것은 상업 광고다. 가령 날씬한 여자가 초콜릿을 맛있게 먹는 광고를 볼 때는 "초콜릿을 저렇게 먹으면 뚱뚱해지고 이도 다 썩는단다"라고 말하고, 10만 원 하는 피부 관리 티켓을 3만 원에 판다는 광고가 있다면 "실제로 찾아가면 비싼 화장품을 사라고 꾄단다"라는 식으로 아이의 나이에 맞게 여러 가지를 지적해준다.

이처럼 '세상의 이면'과 '거짓말'을 꿰뚫어보는 능력을 익히면 '객관식 문제를 푸는 힘'이 저절로 길러진다. 객관식 문제는 모두 참말처럼 보이는 '거짓말과 참말이 뒤섞인' 보기 가운데에서 유일한 참말을 골라내는 것이다. 그야말로 '거짓말을 꿰뚫어보는 능력'이 없으면 문제 출제자에게 속는다.

'거짓말을 하면 안 된다'는 말만 강조하다 보면, 아이는 객관식 문제에 약해질 뿐 아니라 남한테 잘 속는 사람이 된다. 거짓말을 하면 안 되는 이유뿐만 아니라 거짓말을 간파하는 능력의 중요성도 꼭 인식하기 바란다.

'예상하지 못한 문제'가
남자아이를 성장시킨다

∨∨∨∨∨∨∨∨∨∨∨∨∨∨∨∨∨∨∨∨∨∨∨∨

사내아이는 몸으로 부딪치면서 배운다. 그러므로 아들을 키우는 데 다양한 체험은 빼놓을 수 없는 요소다. 이렇게 말하면 "우리 아이는 축구도 하고 수영도 배운다. 또 미술학원에도 다닌다. 내 생각으로는 경험이 지나칠 정도다"라고 말하는 부모도 있을 것이다. 확실히 운동으로 몸을 유연하게 만드는 것은 좋다. 그러나 축구나 다른 구기 종목처럼 여럿이 하는 운동은 지도자에 따라 역효과가 날 수도 있다.

운동 지도자를 보면 '자율'을 중시하는 타입보다 '각자 맡은

포지션'을 중시하는 타입이 더 많다. 사실 여럿이 팀을 이루어 하는 경기이기 때문에 어쩔 수 없는 일이기도 하다. 특히 전직 교사 출신이거나 의욕 넘치는 젊은 지도자인 경우, 군대도 무색할 만큼 아이들을 엄격하게 통제해 필드 위의 독재자로 군림하는 지도자도 많다.

설령 좋은 지도자를 만났다고 해도 체육센터 같은 곳에서는 '예상하지 못한 문제'가 생기지 않도록 세심한 주의를 기울여야 한다. 이것은 아이의 안전을 책임지는 입장에서는 당연한 배려지만, 다양한 체험을 한다는 의미에서는 아쉬운 점이기도 하다.

왜냐하면 '예상하지 못한 문제'가 생겼을 때야말로 어떻게 대처해야 좋은지 판단하는 능력이 생기고, 자신의 재치로 문제를 해결했을 때 가슴 벅찬 성취감을 맛볼 수 있기 때문이다.

예를 들어 야구를 한다고 하자. 말끔하게 정비된 그라운드라면 넘어져서 다칠 위험도 적고, 공이 바닥에 한 번 튕기더라도 방향이 바뀌지 않는다. 그런데 제대로 정비되지 않은 울퉁불퉁하고 돌투성이인 동네 빈 터에서 야구를 하면 어떨까? 뜬 공만 쳐다보고 달려가다 돌부리에 걸려 넘어지기도 하고, 바닥에 한 번 튕긴 공이 엉뚱한 방향으로 날아가기도 한다. 또 이웃집 담장을 넘어가는 일도 있다. 이런 예측할 수 없는 사태가 벌어졌을 때 아이들은 다양한 해결책을 내놓는다. 그리고 어떻게 대처해야 좋을지 머리를 맞대고 궁리하는 동안 판단력이 길러진다.

끊임없이 실패할 수 있는 기회를 줘라

아이에게 다양한 체험의 기회를 주고, 또 예측 밖의 사태를 접하게 하려면 어떻게 해야 할까? 나는 이 모든 조건을 만족시키는 것이 캠프라고 생각한다. 자연 속에서 지내는 캠프는 아이에게 다양한 것을 가르쳐주고, 일상에서는 겪을 수 없는 많은 일들을 체험하게 한다.

곤충은 어떤 곳에 집을 짓는지, 나무 타기에 적당한 나무는 어떤 것인지, 물고기를 잡으려면 강을 어떻게 막아야 하는지, 빗속에서 밥을 지으려면 어떻게 해야 하는지, 멀리 떨어진 친구와 의사소통을 하려면 소리치는 것 외에 어떤 방법이 있는지를 보고, 생각하며, 깨우친다. 또 새와 곤충의 이름, 생태, 별자리 이름 등 자연은 어떤 도감보다 많은 것을 가르쳐준다.

게다가 자연 속에서 지내다 보면 '예상하지 못한 일'을 쉽게 만난다. 갑자기 바람이 불어서 텐트가 흔들릴 때는 어떻게 해야 하는지, 밥이 설익었을 때는 어떻게 해야 하는지, 낚싯줄이 엉켰을 때는 어떻게 해야 하는지 늘 판단을 내려야 할 일이 생기고, 문제가 생길 때마다 예측 밖의 재미를 맛볼 수 있다.

캠프에만 보내면 모든 문제가 해결될까? 아니다. 무엇보다 부모의 마음가짐이 중요하다. 부모는 아이가 좀 더 많은 것을 배울 기회를 만들어주기 위해 지켜보기만 하고 가능한 한 모든 일, 즉 짐 정리를 비롯하여 텐트 치기, 밥 짓기, 모닥불 피우기 등을 아이에게 맡겨야 한다.

물론 실패도 할 것이다. 그러나 실패했다고 즉시 도와주면 안 된다. 위험하지 않다면 끊임없이 실패할 수 있게 내버려두는 것도 중요하다. 시행착오를 되풀이한 끝에 성공한 아이는 성취감뿐만 아니라 자기가 해냈다는 자신감으로 가슴이 벅차오른다. 그리고 자신의 존재감을 느낄 수 있다.

'야산을 뛰어다닐 시간이 있으면 영어 단어 하나라도 더 외우게 하겠다'고 생각하는 부모도 있을 것이다. 그러나 초등학교 고학년부터 갑자기 성적이 오른 아이들 중에는 '어렸을 때 캠프를 자주 갔다'고 말하는 아이가 많다. 아이에게 가능한 한 많은 체험을 할 수 있는 기회를 마련해주는 것은 부모의 의무다. 이를 반드시 기억하기 바란다.

머리를 쓰는
게임을 시켜라

∨∧∨∧∨∧∨∧∨∧∨∧∨∧∨∧∨∧∨∧∨∧∨∧∨∧∨∧∨∧

아이는 자연에서 친구들과 맘껏 뛰어놀아야 한다. 그래야 호기심과 상상력을 기를 수 있다. 사내아이는 특히 그렇다. 일부러 캠프에 보내면서까지 자연을 접하라고 권하는 것은 자연이 주는 놀라운 학습 효과 때문이다.

그러나 아무리 캠프가 유익하다고 해도 정기적으로 아이를 데리고 가기는 어렵다. 여름방학 등을 이용해서 일 년에 두세 번 가는 정도면 충분하다. 그 이외에는 어떤 놀이를 하면 좋을까? '우리는 일 년에 두 번씩 꼬박꼬박 캠핑을 가니까 나머지

시간은 공부에 전념하고, 가끔씩 컴퓨터 게임으로 기분을 전환시키면 된다'고 생각하는 부모도 있을 것이다. 하지만 이것은 일부러 아이의 머리를 나빠지게 만드는 꼴이다.

확실히 아이들은 컴퓨터 게임을 좋아하고, 또 부모들 중에도 게임을 못하면 친구들한테 따돌림을 당할까 봐 마지못해 허용해주는 경우가 많다. 그러나 텔레비전이나 컴퓨터 게임은 아이에게 일방적인 자극만 줄 뿐, 아이가 주체가 되어서 생각하게 만드는 힘을 저해한다.

잇따라 쏟아지는 일방적인 자극에 즉각 반응하는 반사 신경만 발달하기 때문에 '문제를 깊이 생각해서 숨어 있는 진실을 읽어내는 능력'을 잃게 하는 것도 이런 게임의 단점이다. 그때문에 게임을 좋아하는 아이는 주의력이 떨어져 시험 볼 때 문제를 꼼꼼히 읽지 않는다. 문제를 제대로 읽어야 정답을 쓸 수 있는데 대충 읽는 경우가 많아 실수를 저지르기 쉽다.

'잠깐씩 머리를 식힐 정도면 괜찮지 않을까?'라고 생각한다면 아이가 하는 게임을 부모도 한번 해보라. 아이들이 열광하는 게임일수록 단시간에 빠져들고, 열중하고 있으면 머리가 텅 비는 느낌이 들면서 마치 중독이라도 된 듯 게임에 사로잡히는 것을 알 수 있다.

학습에 큰 도움이 되는 사내아이의 놀이

자연에서 놀 기회도 없고 게임도 안 된다면 도대체 뭘 하면서 놀라고 해야 할까? 이럴 때 자신 있게 권하는 것이 '게임'이다. 여기에서 말하는 게임은 옛날부터 내려오는 게임, 다시 말해 트럼프 같은 카드놀이나 체스, 장기 같은 보드게임이다.

이런 게임의 기본은 '전략'이다. '내가 에이스를 쥐고 있고 판에 또 다른 에이스가 한 장 나와 있을 때, 상대가 에이스를 쥐고 있을 확률은 얼마나 될까?', '상대가 이 자리에 말을 놓은 의미는 뭘까?', '상대는 왜 저 패를 버렸을까? 필요 없다는 뜻일까?' 등등 게임하는 내내 머리를 굴리게 된다. 확률, 순서, 조합을 생각해서 재빨리 전략을 세워 상대가 걸려들게 만든다. 이런 능력은 수학 실력으로 직결된다. 현재 명문대학 이공계에서 우수한 성적을 거두고 있는 학생 중에는 어려서 이런 게임을 즐겼던 경우가 놀랄 만큼 많다.

이공계 중에서도 물리나 건축을 전공하는 학생들의 이야기를 들어보면 어렸을 때 레고에 열중했던 학생이 상당히 많다. 가령 레고로 집을 만들 때, 단순히 쌓아 올리기만 하면 나중에 쉽게 부서진다. 높고 튼튼한 집을 지으려면 레고를 엇갈려서 쌓아야 한다. 이것이 역학이나 입체 조형 학습으로 이어져 후에 물리 과목을 쉽게 이해하도록 돕는다.

내가 아는 우수한 학생 중에 어렸을 때 가난해서 레고를 가지고 놀지 못한 아이가 있다. 그 학생은 레고 대신 점토로 작은 덩어리를 만들어 쌓기 놀이를 즐겼다고 한다.

'높이 쌓고 싶은데 자꾸 무너진다. 점토 안에 나무젓가락 기둥을 넣어서 보강하면 어떨까? 그렇게 하면 점토로도 튼튼하게 쌓을 수 있겠다.'

그 학생은 어렸을 때 쌓기 놀이를 하면서 몸으로 '강도(强度)'를 배웠다. 그리하여 훗날 대학에서 그 어떤 학생보다 훨씬 빨리, 그리고 쉽게 강도라는 개념을 이해할 수 있었다. 이제 왜 놀이가 학습에 도움이 되는지 알겠는가?

아름다움을 찾을 줄 아는
아들로 키워라

〉〉〉〉〉〉〉〉〉〉〉〉〉〉〉〉〉〉〉〉〉〉〉〉〉〉〉

인생에는 많은 고비가 있다. 지금도 실패나 건강, 가정 문제 등으로 고민하고 좌절하는 사람이 있을 것이다. 그러나 사람은 나이가 들수록 어려움을 쉽게 이겨낸다. 성장하면서 다양한 일을 겪다보면 웬만한 문제는 사소하게 느껴지기 때문이다. 그런데 경험이 적은 아이는 별것 아닌 일에도 쉽게 좌절하고 절망한다.

최근 스스로 목숨을 끊는 아이가 늘고 있다. 인터넷에서 알게 된 사람들과 집단 자살을 하는 아이들도 생겨났다. 물론 예전에도 자살하는 청소년은 있었지만 상황이 점점 심각해지고 있다. 학교와 집만 오가는 아이들에게 세상은 너무나 작다. 그 때문에 어른에게는 아주 사소해 보이는 일에도 아이는 쉽게 절망한다. 인생 경험이 적은 만큼 사소한 어려움도 거대한 벽처럼 느껴지기 때문이다. 등산을 자주 하는 어른에게는 별것 아닌 낮은 산도 처음 올라간 아이에게는 에베레스트 산처럼 느껴져 '더는 못 가겠다'고 주저앉는 것과 같다.

처음 좌절해서 절망을 맛본 아이도 세월이 흐른 뒤에는 '그만한 일로 죽으려고 했던 자신'을 생각하며 웃을 날이 온다. 그러나 처음부터 그런 경지에 이른다는 건 불가능하다. 그래서 목숨을 끊는 어리석은 방법을 택하는 것이 아닐까?

그러나 절망한 아이가 모두 자살하는 건 아니다. 목숨을 끊는 아이와 그렇지 않은 아이는 무엇이 다를까? 다시 말해서 왜 어떤 아이는 '그만 살겠다'고 생각하고, 또 어떤 아이는 '힘들지만 죽지는 않겠다'고 결심하는 걸까? 나는 '아름다움을 아는가'가 이런 차이를 불러온다고 생각한다.

사소한 일로 친구와 싸워서 우울한 아이 눈에 문득 저녁노을에 곱게 물든 하늘이 들어왔다. 그때 가던 길을 멈추고 '아름답다'고 느끼는 그 순간만큼은 눈앞의 고민이 사라진다. 아니면 집에 돌아와 좋아하는 음악을 듣거나 그림을 그리는 동안 마음이 치유된다.

이런 경험이 '산다는 건 즐겁다'는 희망을 품게 한다. 이것이야말로 자연과 예술이 가져다주는 기쁨이 아닐까? 자연이나 예술에서 느끼는 편안함과 감동은 인생을 즐기는 기초를 만들어준다.

사내아이에게 무엇보다 중요한 공감력

공부에 집중하는 것도 중요하다. 그러나 아름다운 것을 보고 감동하는 마음을 기르지 못한 아이들은 사물을 음미할 줄 모르게 된다. 사물의 아름다움과 깊이를 모르는 아이는 '세상은 아름답고 삶은 그 자체만으로도 멋지다'고 생각하는 마음의 여유가 없다. 그렇기 때문에 사소한 일에 절망하고 자신의 목숨조차 쉽게 끊는 것이다.

아이에게 감동하는 마음을 길러주려면 '아름다운 것'을 접할 수 있도록 이끌어주어야 한다. 어느 날 갑자기 르누아르의 화집을 보여준다고 해서 아름다움을 느끼는 것은 아니다. 이것은 참고서 대신 화집을 보는 것과 같다. 그보다는 평소에 좋은 음악을 틀어주거나 화집을 즐기는 부모의 모습을 보여주어 주위에서 쉽게 아름다움을 접할 수 있게 해주자.

길가에 피어 있는 꽃을 보면 "어머, 예쁜 꽃이 피었구나"라고 말을 걸어보자. 저녁노을에 물든 하늘을 함께 바라보며 "색이 참 곱다. 색이 점점 달라지네"라며 함께 감동해보자. 이런 경험이 쌓이면 아이는 '세상은 참으로 아름답다'는 사실을 깨닫고 스스로 아름다움을 찾아낼 줄 알게 된다.

이런 아이는 '예쁘다'는 표현을 자주 하는데, 그럴 때는 그 대상을 가리지 말고 벌레든 길에 떨어진 돌멩이든 "정말 예쁘구나. 잘 찾았네"라고 공감해준다. "더러우니까 줍지 마! 빨리 버리라니까!" 이런 표현은 절대 삼가야 한다. '공감'은 교육의 기본이라는 점을 잊지 말자.

세상을 아름답다고 느끼고, 또 스스로 아름다움을 찾아낼 줄 아는 아이는 좌절해도 다시 일어설 수 있다. 아니, 쉽게 절망하지도 않는다. 스스로 목숨을 끊거나 절망해서 움츠러들지 않도록 아름다움을 아는 아이로 키우자.

정성이 담긴 '집밥'이
아들의 등교 거부를 막는다

ˇˇˇˇˇˇˇˇˇˇˇˇˇˇˇˇˇˇˇˇˇˇˇ

요리와 등교 거부가 무슨 상관이 있느냐고 의아해하는 분을 위
해 먼저 아이가 등교를 거부하는 원인부터 생각해보기로 하자.

　어른은 '직장'과 '가정' 외에 '아이가 다니는 학교와 관련된
사람들', '동호회 사람들', '친구들', '이웃' 등 다양한 사람들과
관계를 맺고 산다. 그리고 직장에서는 부하 직원을 잘 챙기는
상사이면서, 이웃에서는 친절한 아줌마, 가정에서는 과묵한 아
버지이며, 동호회에서는 지칠 줄 모르는 승부사, 그리고 놀이
터에서는 잘 놀아주는 아빠로 그때그때 상황에 맞추어 변신할

줄 안다.

하지만 아이들의 세계는 어른에 비해 매우 좁다. 주된 세계는 가정과 학교이고, 여기에 학원이 더해지는 정도다. 얼마 전까지만 해도 '동네 친구들'이 포함되었지만 요즘은 아이들 수도 줄었고, 밖에 나가 놀 시간도 없기 때문에 동네 친구를 사귀는 일은 거의 없다. 어려서는 대부분 집과 가족이 전부이지만 성장함에 따라 학교와 친구의 비중이 커지고, 어느덧 학교가 자기 세계의 전부가 된다.

이런 아이들의 인간관계는 아주 사소한 일로도 쉽게 깨질 수 있다. 이는 부모가 자신의 학창 시절을 떠올려보면 이해할 수 있을 것이다. 별것 아닌 말이나 행동이 발단이 되어 어제의 단짝 친구가 하루아침에 원수가 되는 일은 흔하다. 그런데 학교생활이 자신의 전부인 아이에게는 자기 세계의 존망이 걸린 큰 문제일 수 있다. 사소한 말 한마디 때문에 설 자리를 잃어버린 아이는 '내가 실수했어', '친구가 나를 싫어해', '이제 내 자리는 없어. 다시는 안 놀아주겠지' 라고 생각하고 등교를 거부하게 된다.

어른은 아무리 실수를 해도 만회할 기력만 잃지 않으면 다시 일어설 수 있다는 사실을 안다. 돌이킬 수 없는 일은 거의 없다. 그러나 아이는 그것을 이해하지 못한다. 사물을 다양한 각도에서 볼 줄 모르기 때문이다.

무리에서 떨어져 나오면 잠시 혼자 놀면 되고, 친구에게 미움을 받으면 다른 친구와 놀면 된다. 또 선생님에게 꾸중을 들으면 다른 일로 만회하면 되고, 혹 실패하더라도 열심히 노력해서 잘하면 반드시 다른 사람이 알아주게 마련이다. 설령 인정해주는 사람이 없더라도 학교를 다니면서 또 다른 세계를 찾으면 된다. 조금만 시야를 넓히면 학교 이외에 또 다른 세상이 있으니까.

사물을 조금만 다른 각도로 보면 또 다른 길을 만날 수 있다. 등교를 거부할 정도로 절망할 필요는 없는 것이다. 그런데 다른 각도로 볼 줄 모르는 아이들은 쉽게 절망한다. 우리 아이들이 절망하지 않고 좀 더 밝게 빛나는 세계에서 즐겁게 살아가도록 도와줄 수 있는 방법은 무엇일까?

사물을 보는 각도를 바꾸는 방법

사물을 다양한 각도로 보는 법은 살아가는 데 반드시 익혀야 할 기술이다. 가정에서도 쉽게 그 기술을 가르칠 수 있는 방법이 있다. 바로 조리법을 바꿔서 '싫어하는 음식도 조금만 다르게 만들면 맛있어진다'는 사실을 깨닫게 하는 것이다. 예를 들어 아이가 피망을 싫어한다면 좋아하는 고기를 곁들여 피망고기완자를 만들어준다. 아이는 '피망도 이렇게 먹으니까 맛있구나' 하고 새로운 맛을 경험한다. 또 셀러리와 닭고기가 얼마나 궁합이 잘 맞는 음식인지 알게 해주는 것도 좋다.

이처럼 아이가 자주 먹는 음식으로 '사물을 보는 각도를 바꾸는 방법'을 터득하면 문제를 피해가는 기술도 쉽게 배울 수 있다. 보는 각도나 접근 방법에 따라 하기 싫은 일도 즐거운 일로 바뀐다는 사실을 깨달으면 아이는 자신의 미래에 희망을 갖게 된다.

다시 제목으로 돌아가자. 이제 '엄마가 정성껏 만든 요리가 등교 거부를 막는다'는 말을 이해했는가? '아이가 편식이 심해서 좋아하는 음식만 만들어준다'는 말은 핑계다. 엄마의 노력으로 아이가 모든 음식을 잘 먹게 되면 몸뿐만 아니라 '모든 일은 생각하기에 달렸다'는 긍정적인 사고로 이어져 정신까지 건강해진다. 게다가 못 먹는 음식이 없으면 먹는 즐거움 외에 자신감까지 생긴다. 이것은 분명 아이에게 행복한 일이다.

부모가 변명만 하면
아이는 오답노트를 쓰지 않는다

∨∖∨∖∨∖∨∖∨∖∨∖∨∖∨∖∨∖∨∖∨∖∨∖∨∖∨∖∨

'나쁜 짓을 저질렀으면 반드시 사과해야 한다' 인간이라면 마땅히 그래야 한다. 그런데 최근 뉴스를 보면 나쁜 짓을 저지르고도 사과하지 않는 사람이 부쩍 늘어난 느낌이다. 대기업 총수, 고위 공무원, 정치가들…. 사회에서 어느 정도 높은 위치에 있는 어른들이 나쁜 짓을 저지르고도 변명만 늘어놓거나 사과는커녕 오히려 화를 낸다. 반성할 줄 모르는 지도층을 보면서 같은 어른으로서 부끄러워진다. 이런 시대이기 때문에 미래를 짊어질 아이들에게 더욱 '사과하는 마음'을 바라게 된다.

가정에서도 마찬가지다. 아이가 나쁜 짓을 저질렀으면 반드시 사과하게 가르쳐야 한다. 예를 들어 손이 미끄러워서 그릇을 놓치는 바람에 그릇이 깨졌다고 하자. 설령 일부러 한 일이 아니라 실수로 일어난 일이라도 그릇을 깨뜨렸으면 곧바로 미안하다고 사과할 줄 아는 아이로 키워야 한다.

그릇이 깨진 순간 "일부러 그런 게 아니야. 손에서 미끄러졌을 뿐이야. 그러니까 내 탓이 아니라고!" 변명을 늘어놓는다면 사회에 나갔을 때 '변명만 늘어놓는 사람'이라는 평판을 피할 수 없고, 신용도 얻지 못할 게 뻔하다. 물론 이럴 때 아이가 먼저 "죄송해요"라고 말하면 "일부러 그런 게 아니니까 괜찮아. 그보다 다친 데는 없니?"라고 다독여주어야 한다. 그러면 저절로 '그릇을 똑바로 들지 않은 나에게도 잘못이 있다'고 반성하게 된다. 그런데 "내가 못살아! 그게 얼마나 비싼 그릇인데" 하고 야단부터 치면 아이도 "일부러 그런 게 아닌데…" 하고 금방 변명거리부터 찾게 된다.

어떻게 아이에게 제대로 사과하고 반성하는 습관을 길러줄 수 있을까? 이것은 평소 부모의 태도에 달렸다. 여러분은 잘못했을 때, 설령 상대가 아이일지라도 솔직하게 사과하는가? 자신이 잘못해놓고 "하지만…" 하고 토를 다는 아이는, 그 부모도 "하지만…" 하고 변명부터 늘어놓는 경우가 많다.

반성하지 않는 부모 밑에서 자란 아이는 공부도 못한다

아이가 내일 제출해야 할 숙제가 없어졌다고 했을 때, 엄마는 아이가 늘 이것저것 잃어버리기 때문에 "또 잃어버렸어?" 하고 버럭 화부터 낸다. 아이는 "내가 그런 게 아니야. 아까 엄마한테 보라고 줬잖아" 하고 엄마를 바라본다. 엄마는 전혀 기억나지 않는 일이라 아이를 나무라고 돌아선다. 그런데 문제의 숙제가 가방 안에서 나왔다. 엄마가 가방 안에 넣고 깜빡 잊어버린 것이다.

그럴 때 "미안해. 엄마가 깜빡했네"라고 먼저 사과할 수 있는가? 사과는커녕 "네가 제대로 관리하지 않아서 그렇잖아" 하고 슬쩍 말을 바꾸거나, 사과를 해도 "어머, 미안" 하고 가볍게 끝냈을 것이다. 이 순간 아이는 '엄마는 치사해. 잘못했으면 진심으로 사과해야 한다고 말해놓고 엄마는 그냥 넘어가네'라고 생각한다. 부모의 이런 모습을 보고 자란 아이는 커서도 사과를 안 하는 뻔뻔한 인간이 된다는 사실을 기억하자.

"아이에게 사과라니, 체면이 있지"라고 말하는 사람도 있다. 특히 사회적으로 지위가 높은 아버지일수록 이런 태도를 보인다. 그러나 부모도 사람인지라 잘못도 저지르고 실수도 하기 마련이다.

중요한 것은 잘못한 뒤의 태도다. 상대가 어리거나 지위가 낮아도 잘못했을 때는 솔직하게 인정하고, 깍듯이 사과해야 한다. 자신은 대충 얼버무리면서 불미스러운 일로 방송에 나온 정치인에게 욕을 하면 아들은 부모를 위선자라고 생각한다.

엄마가 잘못해놓고 "원래 네가 잘 잃어버리니까 그렇지"라고 변명을 늘어놓거나 "아, 미안, 미안" 하고 적당히 얼버무리는 태도는 아이에게 '나쁜 짓이 들통 나도 인정하면 안 된다'는 메시지를 보내는 꼴이 된다. 이렇게 되면 정말로 나쁜 일을 저질을 때 사과도 반성도 하지 않는 사람이 된다.

반성하지 않는 아이는 공부를 해도 성적이 오르지 않는다. 시험 문제를 틀려도 왜 틀렸는지, 어디에서 실수를 했는지, 확인도 반성도 하지 않기 때문이다. 그 결과 늘 똑같은 실수를 되풀이해서 성적은 점점 떨어지고 공부할 의욕은 사라진다.

'반성하지 않는 부모 밑에서 자란 아이는 공부도 못한다.'

이 말을 항상 염두에 두자. 부모가 실수했을 때 "미안하다. 엄마가 나빴다"라고 솔직하게 사과하는 모습을 보여주자. 이것은 절대 창피한 일이 아니다. 오히려 용기있는 모습을 보이는 아름다운 일이다.

아들의 말주변은
부모의 인내심에 비례한다

∨∧∨∧∨∧∨∧∨∧∨∧∨∧∨∧∨∧∨∧∨∧∨∧∨∧∨∧∨

흔히 '자녀 교육의 기본은 아이가 하는 말에 귀 기울이는 것'이라고 한다. 여러분은 어떤가? 아이의 이야기를 잘 들어주는 부모인가?

아마 대부분 그렇다고 대답할 것이다. 많은 부모들이 직장에 다니느라 바빠도 일부러 아이와 대화할 시간을 만들려고 애쓴다. 이때 시시한 얘기까지 들어주느냐고 물으면 말끝을 흐리는 사람이 더 많다. 사내아이는 엄마가 생각하기에는 터무니없는 얘기를 곧잘 한다. 하지만 사내아이가 하는 하찮은 이야기에도 나름대로 '이유'가 있다. 어른이 보기에는 아무런 도움도 안 되는 시시한 이야기라도 사내아이에게는 특별한 이야기다.

어른은 '쓸데없는 짓'이라고 말리고 싶은 놀이와 장난을 좋아하고, 엉뚱한 이야기나 농담을 즐기며, 또 시시한 얘기라도 머리에 떠오르면 말하지 않고는 못 배기는 것이 사내아이다. 그런 얘기에 일일이 상대해준다는 게 성가신 일이긴 하다.

특히 집안일을 하느라 바쁠 때나 일에 지쳐 있을 때, 천천히 신문이라도 읽으면서 쉬고 싶을 때 아이가 말을 건다면, 게다가 그다지 중요하지 않은 이야기라면 아무리 인내심이 많은 엄마라도 그 이야기를 제대로 들어주기란 여간 힘든 게 아니다. "왜 만날 실없는 소리만 하니?"라고 쏘아붙이거나 "이제 그만해!" 하며 짜증내는 부모도 있을 것이다.

부모의 기분은 이해하지만 이것은 바람직한 반응이 아니다. 시시한 일을 좋아하고 농담을 좋아하는 사내아이는 늘 부모가 어떤 반응을 보일지 기대한다. 아이는 부모가 자신의 이야기를 재미있게 들어주고 자기 농담에 웃어주었다는 사실에 기뻐한다.

그런데 큰맘 먹고 꺼낸 이야기를 엄마가 듣지 않는다든지, 건성으로 듣거나 귀찮아한다면 아이의 기분은 어떨까? 아이의 마음속에는 '내 이야기를 무시했다'는 절망감이 싹틀 것이다.

사람은 자기 이야기를 잘 들어주고 반응해주면 '통했다'는 만족감을 얻는다. 그런데 "그 얘기 틀렸어"라고 부정하거나 귀를 기울여주지 않으면 상대방과 이야기할 마음이 사라진다. 공감은 의사소통의 기본이다. 그리고 의사소통이 원활할 때 사람은 자신이 받아들여졌다는 충만감을 맛본다.

아이도 마찬가지다. 아무리 시시한 이야기를 해도 부모가 웃으면서 들어주면 아이는 공감했다는 만족감을 얻고, 반응이 없으면 무시당했다는 비통함을 느낀다. 게다가 어린아이일수록 부모의 상황을 이해하지 못하기 때문에 "바쁘니까 나중에"라고 말해도 받아들이지 못한다.

사내아이의 표현력은
부모의 반응으로 성장한다

아이가 말할 때가 바로 들어줘야 할 때다. 도대체 부모 말고 누가 그 이야기를 들어준단 말인가?

아이의 농담은 사실 유치하고, 말하는 요령도 없기 때문에 따분할 수도 있다. 그래도 부모라면 아무리 시시한 이야기라도 귀 기울여주고 즐거워해야 한다. 부모가 재미있어하면 아이는 기분이 좋아져서 좀 더 재미있게, 좀 더 과장해서 얘기한다. 잠자코 듣다 보면 어느 날부터인가 말하는 실력도 는다. '마무리를 매끄럽게 하려면 이야기를 어떻게 끌어가야 할까?' '이야기가 지루해지지 않게 핵심만 골라서 짧게 줄이면 더 재미있지 않을까?' 등 아이 나름대로 궁리하기 때문이다. 다시 말해 말하는 법을 다듬어간다.

"어머, 어떻게 그렇게 잘 아니?" 하고 기쁘게 반응해주면 아이는 신이 나서 이런저런 이야깃거리를 모은다. 또 이야기할 때의 몸짓과 손짓, 표정에 열중하고 목소리의 강약도 조절한다. 이처럼 자신의 이야기를 좀 더 잘 전달하기 위해 궁리하는 동안 아이의 표현력은 놀라운 속도로 발달한다.

반대로 아이가 이야기를 꺼낼 때마다 "재미없어"라든지 "바보같은 소리 그만 해", "쓸데없는 소리 하지 말고 공부나 해!"라고 말한다면 어떨까? 한동안은 '이번에는 재미있어하실 거야'라며 온갖 방법으로 다양한 이야깃거리를 찾던 아이도 부모가 계속 귀찮아하면 '말해봤자 소용없는 일'이라고 포기해버린다.

나아가 '엄마는 내 마음을 받아주지 않았다. 무시당했다'라는 허무감으로 이어져 마침내 '나는 사랑받지 못한다'는 자기부정으로까지 발전할 수 있다. 이렇게 되면 아이는 부모에게 마음의 문을 닫아버린다.

물론 너무 바빠서 아이의 농담을 들어주지 못할 때도 있다. 그러나 이런 시시한 이야기를 '나중에' 들을 수 없다는 사실도 알아야 한다. 시간이 났을 때 "자, 아까 하려고 한 이야기가 뭐지?" 하고 물어도 냉담한 반응만 돌아올 뿐이다. 부모를 재미있게 해주려는 아이의 열의가 이미 싸늘히 식어버렸기 때문이다.

가능한 한 아이가 "있잖아요…" 하고 말을 걸 때 "응? 뭔데?" 하고 귀를 기울이자. 일하던 손은 멈추지 않아도 괜찮다. 또 아이가 웃기려고 할 때는 웃어주자. 아무리 시시한 이야기에도 귀 기울이고 웃어주는 부모의 반응이 아이의 표현력을 풍부하게 길러주는 비결이다.

제대로 놀아본 아이가
행복한 어른이 된다

∨∨∨∨∨∨∨∨∨∨∨∨∨∨∨∨∨∨∨∨∨∨∨∨∨∨∨

부모라면 누구나 자식이 행복하기를 바란다. 자식의 행복을 바라지 않는 부모는 아마 단 한 명도 없을 것이다. 그렇다면 여러분은 자녀가 어떤 어른이 되기를 바라는가? 수험생을 둔 부모라면 '어쨌든 좋은 학교에 들어가면 좋겠다. 나머지는 그때 가서 생각하면 된다'고 여기고 있을지도 모른다. '자식이 어떤 인간으로 성장하기를 바라는가?' '자식에게 행복한 인생이란 무엇인가?'라는 문제는 결코 뒤로 미뤄놓아서는 안 된다.

　앞에서도 여러 번 이야기했지만, 사내아이에게는 친구들과 온몸으로 놀면서, 어떻게 하면 좀 더 재미있게 놀 수 있을지 궁리하고, 노는 과정에서 얻은 것들을 몸으로 기억하는 경험이 무엇보다 중요하다. 그렇다. 사내아이는 등에 경험을 모으는 바구니를 짊어지고 태어났다.

그 바구니에는 놀이터에서 친구들과 흙투성이가 되어서 논일, 야영에서 모닥불을 피우고 놀던 추억, 밤하늘을 쳐다보고 느낀 아름다움 등 지금까지 체험한 것들이 담겨 있다.

그리고 본격적인 공부를 시작할 때 그 체험들을 바구니에서 꺼내 '지하철역 이름을 외웠을 때 터득한 방법으로 화학기호를 암기해보자', '예전에 내가 울렸던 친구도 이 책의 주인공처럼 슬펐겠지' 하는 식으로 연관 지어 활용한다. '사내아이는 다양한 체험을 쌓는 것이 중요하다'고 강조하는 이유다.

노는 만큼 성장한다

충분한 체험은커녕 지루한 암기만 강요하면 사내아이는 인생의 버팀목이 되는 호기심과 창조성, 사교성을 기를 수 없다. 아직 어린 아들을 둔 많은 부모들이 '미래의 일은 대학에 들어가고 나서 천천히 생각해도 늦지 않다'고 말한다.

그러나 경험을 많이 쌓아야 할 어린 시절을 희생하면서까지 열심히 공부했는데, 창조력도 떨어지고 사교성도 부족해 사회에 도움이 되기는커녕 적응조차 못하는 인간이 된다면 얼마나 안타까운 일인가.

행복한 인생이란 여러 사람을 만나 즐거움을 나누는 한편, 자기만의 즐거운 시간을 보내는 것이 아닐까. 취미 활동은 이 두 가지 즐거움을 모두 만족시킨다. 앞에서도 이야기했지만 텔레비전 시청이나 게임에 몰두하는 것, 또 경마나 전자오락 같은 도박은 취미가 아니다.

취미로는 음악이나 그림 같은 예술 활동이나 운동이 좋다. 그리고 여럿이 어울려 즐길 수 있는 것도 좋다. 조용히 그림을 그리거나 모형을 만드는 등 혼자서 즐기는 취미와 함께 등산이나 축구 등 어울려 몸을 움직이는 취미를 갖는다면 완벽하다. 취미의 본질은 자기 세계를 넓히는 것뿐만 아니라 많은 사람을 이해관계 없이 사귀며 식견을 넓히는 데 있기 때문이다.

취미는 부모가 가지라고 해서 가질 수 있는 게 아니다. 오랫동안 오로지 공부에만 매달린 끝에 마침내 원하는 학교에 들어간 아이에게 "시험이 끝났으니 그동안 하고 싶었던 일을 해라. 이제라도 취미 하나쯤은 있는 게 좋지"라고 말하면 아이는 어디서부터 어떻게 시작해야 좋을지 몰라 쩔쩔맨다.

하지만 바구니 가득 추억과 경험을 담아놓은 아이는 여가가 생겼을 때 '이제야 하고 싶은 일을 맘껏 할 수 있겠다. 무엇부터 해볼까?' 하며 바구니 속에서 자신이 하고 싶은 일을 찾는다. 그러나 바구니 안이 온통 방정식과 한자, 영어 단어뿐인 아이는 무엇을 해야 좋을지 몰라서 헤매게 된다.

대학에서 열심히 공부를 하면 되지 않느냐고 하겠지만, 주입식 교육의 희생양들은 아는 것은 많아도 호기심에서 비롯된 지식이 아니기에 무엇을 연구해야 할지 갈피를 잡지 못한다.

결국 이런 사람은 시키는 일은 완벽하게 해내지만 스스로 일을 찾아서 할 줄 모르기 때문에 지시한 것 이상의 성과는 올리지 못한다. 그러면서 머리에 든 건 많아서 자존심만 하늘을 찌른다. 이런 인재는 머지않아 AI에 밀려날 것이다. 그러므로 아이가 재미있게 즐길 수 있는 취미가 반드시 있어야 한다.

그렇다고 아이가 취미를 갖게 하려고 너무 애쓸 필요는 없다. 부모가 취미를 즐기는 모습만 보여주면 된다. 운동이든 독서든 미술관 관람이든 수공예든 분재든 무엇이든 상관없다.

부모가 열심히 취미활동을 하는 모습을 보고 자란 아이는 반드시 '나도 즐길 수 있는 일을 찾아야지' 하고 마음먹는다.

계산적으로 키운 아이는
리더가 될 수 없다

〰〰〰〰〰〰〰〰〰〰〰〰〰〰〰〰〰〰

연말이면 등장하는 구세군 냄비에서부터 편의점 계산대 옆 모금 상자까지, 요즘은 생활 속에서 쉽게 모금 상자를 접할 수 있다. 하지만 그만큼 부작용도 많이 나타난다. 어디에 기부하는지 알 수 없는 모금상자를 들고 다니면서 사람들의 선의를 훔치는 사기 집단이 등장하고, 알 수 없는 종교 단체에서 기부금을 모으는 경우가 많아졌기 때문이다. 정말이지 마음 놓고 남을 돕기도 어려운 시대다.

그러나 예나 지금이나 모금 상자는 '사회에는 다른 사람의 도움이 필요한 사람이 있다'는 것과 '힘들어하는 사람을 돕는 일의 숭고함'을 가르칠 좋은 기회인 것만은 분명하다.

현재 일상생활에서 가장 많이 볼 수 있는 모금 상자는 편의점 계산대 옆에 놓여 있는 투명한 플라스틱 모금함일 것이다. 그 모금 상자를 보면 10원짜리나 100원짜리 같은 동전이 대부분인데, 그것은 물건을 산 뒤에 받은 거스름돈을 넣는 사람이 많기 때문이다.

그러나 가끔은 1,000원이나 5,000원짜리 지폐가 들어 있기도 하다. 아이와 함께 들어간 편의점에서 지폐가 담긴 모금 상자를 보았을 때, 여러분은 어떤 반응을 보이는가? 아무런 반응도 보이지 않는 건 차라리 낫다. 그런데 어느 순간 '아깝다'든지, '이런 데 넣을 돈이 있으면 내가 쓰겠다'라고 생각하지 않는가? 아니면 아이가 "나도 넣고 싶어요"라고 말했는데 "됐어" 하고 단호하게 반대하지는 않았는가?

인생을 풍요롭게 가꾸려면 두 가지 마음을 갖춰야 한다고 생각한다. 하나는 '평범한 일상 속에서 아름다움을 깨닫는 마음'이고, 다른 하나는 '남의 처지를 동정해서 작은 힘이지만 기꺼이 빌려주는 마음'이다.

'아름다움을 깨닫는 마음'은 이미 앞에서 이야기했으므로 여기에서는 생략하기로 하자. 다른 하나인 '남을 동정하는 마음'은 최근에 많이 잊혀진 듯한데, 이것이야말로 아이뿐만 아니라 부모에게도 넉넉한 인생을 약속해주는 힘이 된다.

아이를 일류대학에 보내고 싶어서든, 좀 더 착한 아이로 키우고 싶어서든 이 책을 사서 읽을 만한 여유가 있는 사람이라면 틀림없이 선택받은 사람이다. 그러나 세상에는 아이에게 공부보다 돈벌이를 시켜야 할 만큼 가난한 사람도 있고, 제때 예방접종을 못 받아서 죽는 아이도 많다. 전쟁과 테러, 천재지변으로 삶의 터전을 잃고 내일을 기약할 수 없는 하루하루를 보내는 사람도 헤아릴 수 없을 정도로 많다.

주변을 돌아볼 줄 아는 리더로 키워라

나는 모든 아이가 '혜택 받지 못한 사람들에게 조금이나마 도움을 주고 싶어 하는 착한 마음씨'를 갖기 바란다. '착하긴 한데…', '착하기만 해서는 세상을 헤쳐나갈 수 없다'는 등 '착한 사람'이라는 말이 부정적인 뜻으로 쓰일 때도 많다. 경쟁원리로 움직이는 사회에서는 확실히 착한 사람이 손해를 많이 볼지도 모른다. 그러나 사람들이 언제나 득과 실만 따져서 움직이는 건 아니다.

가령 일류대학을 졸업하고 대기업에 들어가 쟁쟁한 라이벌들을 제치고 승승장구한 사람이 있다고 하자. 사람들은 '이 사람과 가까이 지내면 득이 된다'고 생각하고 주위로 몰려든다. 하지만 그가 힘을 잃거나 자리에서 물러나면 어떻게 될까? 마치 썰물이 빠져나가듯 주위에 모여 있던 사람들이 사라진다. '회사를 그만둔 순간 연하장이 뚝 끊어졌다'는 소리를 자주 듣는데, 이것이 그 전형이다.

그러나 주위에서 착한 사람이라고 인정한 사람은 만에 하나 곤란한 일을 당해도 주위 사람들이 반드시 도와주고, 이해관계가 사라져도 똑같이 대해주는 친구가 있다. 이렇듯 착한 사람 주위에는 사람들이 모여들고 어려운 일이 생겨도 외면당하지 않는다.

아이가 착한 사람이 될 수 있는 가장 손쉽고도 좋은 기회가 바로 어려운 사람들을 돕는 모금함에 기부하는 일이다. 혹시 내가 낸 돈이 사이비 단체로 흘러들어가는 건 아닌지 걱정된다면 난민이나 개발도상국에서 어렵게 사는 아이를 후원하는 국제 봉사단체에 기부하는 것도 좋다. 가령 아이가 용돈으로 게임에 돈을 쓰려고 한다면 그 돈을 기부하게 하자. 그리고 그 돈 덕분에 가난해서 학교에 가지 못하는 아이가 공부를 할 수 있고, 많은 아이들이 예방주사를 맞고 목숨을 구할 수 있다는 이야기를 해주자. 기부는 약자를 동정하는 마음을 직접 행동으로 옮길 수 있게 해주는 좋은 기회가 된다.

간혹 약자를 돌볼 여유가 없다고 생각하는 부모도 있을 수 있다. 하지만 잘 생각해보자. 여러분도 틀림없이 나이를 먹고 언젠가는 다른 사람의 도움을 받아야 할 약자의 위치에 서게 될 것이다. 누구나 언젠가는 약자가 되게 마련이니까. 그때 아이가 '약자를 돌볼 여유가 없다'고 당신을 싸늘한 눈으로 쳐다본다면 어떻겠는가?

아들을 주위를 돌아볼 줄 아는 훌륭한 리더로 키우고 싶다면, 무엇보다 먼저 다른 사람을 사랑하고 도울 줄 아는 마음가짐부터 갖게 해야 한다.

아이는 부모의 윤리관을
그대로 물려받는다

∨∨∨∨∨∨∨∨∨∨∨∨∨∨∨∨∨∨∨∨∨∨∨∨∨

일본에는 초능력으로 범죄를 수사하는 텔레비전 프로그램이 있다. 또 점쟁이나 최면술사가 등장하는 프로그램도 등장해 인기를 끌고 있다. 한때 초능력자나 영적 능력자, UFO와 같은 과학으로 해명할 수 없는 자연을 초월한 신비한 현상을 다룬 프로그램이 많았는데, 아직도 그 인기가 식지 않고 젊은 세대에게 영향을 미치고 있어 걱정스럽다.

이 세상에는 과학으로 해명할 수 없는 이상한 현상이나 신비로운 능력이 있는데, 이것을 오컬트(ocult)라고 부른다. 특히 젊은이들이 이런 현상에 열광한다. 그 단적인 예가 일본의 옴진리교다.

1995년 3월 옴진리교가 일으킨 지하철 독가스 테러를 비롯한 흉악 사건들은 일본 범죄 사상 유례를 찾아볼 수 없는 것들이었다. '무지한 시민은 죽어도 상관없다'는 독선적인 범죄 동기는 물론이거니와, 특히 주목해야 할 것은 범죄와 관련된 '간부급 신자들' 대다수가 일류대학 출신이라는 화려한 학력을 자랑하는 사람들이었다는 점이다.

체포된 남성 신자들이 도쿄대학 의학부와 법학부, 오사카대학 물리학부, 게이오대학 의학부, 와세다대학 이공학부 등 남들이 부러워할 학력을 지닌 엘리트들이라는 사실에 소름이 끼친다. 어려서부터 똑똑했던 만큼 당연히 지적 수준도 상당히 높았을 텐데, 왜 그런 범죄에 빠져들었을까? 또 왜 그런 사이비종교에 심취했고, 어떻게 오컬트를 믿게 되었을까? 이것은 우리 어른이 풀어야 할 숙제다.

나는 아이들이 사이비 종교나 오컬트에 빠지는 원인은 올바른 '윤리관'이 정립되지 못했기 때문이라고 생각한다. 그들은 거짓말 같은 이상(理想)에 현혹되어 실제 생활에서 얻은 '윤리관'을 버린 사람들이다. 아이가 올바른 윤리관을 가졌느냐는 부모의 윤리관과 가치관에 달렸다고 해도 지나치지 않다.

그렇다면 여러분은 윤리관에 관한 명확한 답을 알고 있는가? 흔히 윤리관이라고 하면 종교적인 어감 때문에 거부감을 느끼는 사람도 있을 것이다. 나는 사람이 살아가는 데 윤리관이 반드시 필요하지만, 윤리관을 갖기 위해 꼭 특정 종교를 믿어야 하는 것은 아니라고 생각한다.

부모의 윤리관이 중요한 이유

사실 이 세상에는 머리는 똑똑한데 올바른 윤리관을 정립하지 못한 사람이 많다. 그렇다면 우리는 어떤 윤리관을 가져야 할까? 답의 열쇠는 역시 종교에 있다. 그렇다고 모든 사람이 특정 종교를 믿어야 한다는 뜻은 아니다. 세상에는 수많은 종교가 있고 각각 뛰어난 가르침이 있다. 우리는 거기에서 좋은 점만 취하면 된다.

세계에서 손꼽는 종교에는 기독교와 이슬람교, 불교, 유교가 있다. 이들 종교의 주요 가르침을 알고 있는가? 기독교의 주된 가르침은 '이웃사랑'이다. 글자 그대로 이웃, 즉 피는 나누지 않았지만 가까이 지내는 사람을 사랑하라는 말이다.

이슬람교의 주된 가르침은 '희사(喜捨)'다. 자신에게 가장 소중한 것을 주위 사람들에게 나누어주는 마음을 중요시한다. 또 불교에서는 남을 깊이 사랑하고 가엾게 여기는 마음을 뜻하는 '자비', 유교에서는 어진 마음으로 주위를 사랑하는 '인애(仁愛)'가 가르침의 중추다.

네 종교의 가르침을 간단하게 비교해보면 한 가지 공통점이 있다. 바로 '다른 사람을 돌아볼 줄 아는 마음'을 중요시한다는 점이다. '착하게 태어나 착하게 사는 것'은 사람이 살아가는 데 가장 큰 목표다. 그러나 이런 목표를 깨달은 사람만 가치 있는 존재라는 말은 아니다. 앞서 소개한 네 종교의 중심 사상은 '착하게 살면서 사람들과 더불어 살아야 한다'가 아닐까?

올바른 윤리관을 가진 부모 밑에서 자란 아이는 '나만 잘되면 다른 사람은 아무래도 상관없다'는 그릇된 사고를 하지 않는다. 또 끔찍한 사이비 종교의 엉터리 교리에 눈이 멀지도 않는다. 올바른 윤리관을 가지려면 역시 종교를 믿어야 한다고 생각할지 모르겠다. 그러나 앞서 이야기한 대로 동서고금을 막론하고 많은 사람들이 믿고 받드는 종교의 기본 가르침은 모두 같다는 사실을 기억하자.

먼저 부모가 이 진리를 확실히 이해한 뒤에 아이를 가르친다면 아이는 '○○님의 가르침으로 볼 때 우리나라가 가장 위대하다'든지 '○○님의 가르침을 믿지 않는 어리석은 자는 살

가치가 없다'고 주장하는 사이비 종교에 결코 빠지지 않는다.

'다른 사람이 고통스러워하든 말든 나만 잘 살면 된다. 돈은 많지만 가난한 사람에게는 한 푼도 기부할 마음이 없다'는 불쌍한 생각을 하는 사람이 더 이상 나오지 않게 하기 위해서라도 어른부터 올바른 윤리관을 가지려고 노력해야 한다. 좀 더 나은 세상을 만드는 데 부모의 소임이 얼마나 중요한지 모든 부모가 깨닫기 바란다.

시험 공부만 강조하면
은둔형 외톨이가 될 수 있다

최근 수년간 대학을 졸업하고도 취직하지 않는 젊은이나 고등학교를 졸업한 후에도 대학에 가지 않고 취직도 하지 않는 젊은이가 늘고 있다. 또 대학에 합격하고도 학교에 전혀 나가지 않는 젊은이도 많다. 이른바 니트족과 프리터족이다.

오늘날 300만 명을 헤아리는 일본의 프리터족은 크나큰 사회문제인데, 한편에서는 값싼 노동력 때문에 환영하는 곳도 있다고 하니 참으로 아이러니하다. 프리터족은 음악이나 예술 등 자신이 하고 싶은 일은 열심히 하지만, 그 일이 쉽게 직업으로 이어지지 않기 때문에 취직 대신 그날그날 돈벌이를 하면서 자신이 하고 싶은 일에 시간을 몰두하는 아르바이트생을 말한다.

자기 손으로 돈도 벌고, 하고 싶은 일도 열심히 하는 모습을 보면 가끔씩 그들의 강인한 정신력에 나도 모르게 응원을 보내고 싶어진다. 그러나 일터에서 사소한 문제가 일어나거나 상사에게 야단이라도 맞으면 말도 안 되는 구실로 손쉽게 아르바이트 자리를 그만두는 등 책임감이 없다는 점은 문제점으로 지적된다.

직장에 취직하면 아무리 졸려도 일찍 일어나 만원 버스를 타고 출근해야 하고, 부하 직원이라는 이유만으로 무능한 윗사람의 명령을 들어야 하며, 염색한 머리에 귀걸이는커녕 자신의 취향이 아닌 불편한 양복을 입어야 하고, 불합리한 사고도 견뎌야 한다. 자신의 행동과 결정에는 책임이 따르며 어느 정도의 자유도 포기해야 한다. 사회생활을 하는 사람이라면 누구나 기본적인 규범과 원칙에 따라야 하는 것이다. 그런데 프리터들은 이러한 '얽매임'이 싫다고 주장한다.

프리터는 정식 명칭인 프리 아르바이터(Free Arbeiter)라는 이름처럼 자유롭다는 장점이 있다. 하지만 이 그룹에 몸담고 있는 동안 많은 사람들이 지켜야 할 당연한 상식이나 규칙을 몸에 익히기 어렵다. 프리터들 대부분이 시간 관념이 없다. 이것은 바로 사회인으로서의 자각이 부족하다는 사실을 단적으로 보여주는 예라고 할 수 있다.

프리터라는 길을 선택할 당시에는 다들 "꼭 하고 싶은 일이 있어서"라고 말한다. 하지만 책임감도 자각도 없이 살아가는, 너무나도 안이한 생활에 익숙해지면 차츰 '하고 싶은 일'에 투자하는 시간이 줄어든다. 마침내 목적을 잃고 '그날 벌어 그날 먹는 하루살이' 인생으로 전락해버리는 경우도 적지 않다.

그렇다면 니트족은 어떨까? 니트(NEET)라는 단어는 'Not in Education, Employment or Training'의 줄임말로 '취직도 진학도 하지 않고 직업 훈련도 받지 않는 젊은이'를 뜻한다. 한마디로 표현하자면 바로 '백수'다. 부모의 경제력을 이용해서 여행도 하고 영화도 보고 놀러 다니는 만큼 바깥세상과 접촉할 일이 많기 때문에 부러운 점도 있지만, 이것은 극히 제한된 장점일 뿐이다.

지금 사회문제로 떠오르고 있는 것은 자기 방에 틀어박혀서 밖으로 한 발자국도 나오려고 하지 않는 은둔형 외톨이다. 식사도 방문 앞에 갖다 놓으면 가지고 들어가서 혼자 먹고, 방 밖으로 나오는 시간은 가족이 모두 잠든 한밤중뿐이다. 특히 컴퓨터 게임이 인기를 끌면서 방안에만 처박혀 게임에만 몰두하는 아이들이 점점 늘어나고 있다. 아이가 은둔형 외톨이가 되어버린 가정의 고충은 겪어본 사람만이 안다.

누구나 은둔형 외톨이가 될 수 있다

인생의 황금기를 맞이한 자녀가 태평하게 프리터족이 되는 것은 속상한 일이다. 하지만 그들은 일단 집 밖으로 나가 일을 한다. 친구도 만나고 여자도 사귄다. 은둔형 외톨이에 비하면 얼마나 다행스러운가. 그러나 프리터들도 하는 일마다 실패를 거듭하면 좌절하고 의욕을 잃어버려 결국 프리터 생활을 그만둔다. 그러면 어떻게 될까?

먹고사는 데 어려움이 없다면 하루 종일 자기 방에 틀어박혀 빈둥거린다. 만화나 컴퓨터를 보면서 종일 아무하고도 말을 하지 않는다. 의사소통은 인터넷 게시판이나 채팅으로 충분하다고 느낀다. 이윽고 한밤중까지 인터넷 세계를 돌아다니게 되고, 다음 날 오후는커녕 저녁 늦게까지 잠을 잔다. 어느덧 밤낮이 뒤바뀐 생활에 접어들면 부모님과 얼굴을 마주칠 일조차 없어진다. "언제까지 이렇게 살 생각이냐?"라는 부모님의 잔소리가 듣기 싫어지면 마침내 완전한 은둔형 외톨이가 되어 방 밖으로 나오지 않는다. 이처럼 일자리를 잃은 프리터가 은둔형 외톨이로 바뀌는 예는 상당히 많다.

은둔형 외톨이의 가장 큰 문제점은 살아갈 의욕을 잃었다는 데 있다. 자기 방에 틀어박혀 텔레비전과 인터넷을 벗 삼아 지내는 그들은 단지 숨만 쉬고 있는 존재다. 다시 말해 수동적인 '자살' 상태에 있다고 할 수 있다. 부모는 자녀들에게 이런 사태가 벌어지지 않도록 각별히 신경 써야 한다.

은둔형 외톨이가 되는 수많은 원인 중 공통적인 것이 '자신감 상실'이다. 어려서는 자신이 똑똑하다고 생각하고, 열심히 공부해서 원하는 학교에 거뜬히 합격한다. 하지만 그곳에서 자기와 같은, 아니 자기보다 더 똑똑한 친구들이 많다는 사실을 알고 주눅이 든다. 게다가 사교성이 좋지도 못해 친구를 잘 사귀지 못한다. 그런 자신에게 말을 걸어주는 친구는 아무도 없고, 심지어 뒤에서 비웃기까지 한다. 대학만 들어가면 넓고 환한 길이 펼쳐질 것 같았지만, 반대로 소외감과 좌절감만 맛본 똑똑한 인재들은 어느새 외부와 접촉을 끊어버리고 만다.

만일 그들이 공부 이외에 잘하는 일이 하나라도 있었다면 이렇게까지 되었을까? 가령 공부에서 좌절한다고 해도 몰두할 다른 일이 있다면 은둔형 외톨이가 되지는 않을 것이다. 그리고 진심으로 자신을 걱정해주는 친구가 있다면 혼자가 되었을 때 구원의 손길을 내밀 것이다.

젊었을 때의 좌절은 어른으로 성장하는 데 빼놓을 수 없는 경험이 된다. 그러나 자신감을 잃었을 때 자신을 지켜줄 것이 없으면 다시 일어서기 어렵다. 아이가 즐거워하고 자신 있게 할 수 있는 일을 적극적으로 지지해주어 방에만 있으려는 아이를 어서 빨리 밖으로 나오게 해야 한다.

13

미래의 아버지상에
어울리는 남자로 키워라

∨∨∨∨∨∨∨∨∨∨∨∨∨∨∨∨∨∨∨∨∨∨∨∨

2019년 12월 일본 사회에 충격적인 자료가 발표되었다. 당해 출생아 수가 86만 4000명으로 2015년 100만 명보다 크게 감소한 것이다. 게다가 사망자 수는 90만 명으로 '인구 자연 감소'에 제동이 걸리지 않았다는 사실도 밝혀졌다.

혼인 건수도 서서히 낮아지고 있다. 2010년 혼인 건수는 70여만 쌍이었으나 2019년 혼인 건수는 58만 3000쌍에 불과하다. 성인이 된 남녀가 결혼하는 게 특이하게 여겨질 지경이다.

2017년 OECD 회원국의 합계특수출생률(여성 한 명이 평생 출산하는 아이의 수)을 살펴보면 미국 1.77, 프랑스 1.92, 독일 1.57, 영국 1.79에 비해, 일본은 1.43으로 낮은 수준이다. 이제 저출산은 한 국가의 존망까지 위협하는 위급하고 거대한 문제가 되어버렸다.

왜 이렇게까지 아이를 적게 낳는 것일까? 가장 큰 원인은 여성들이 사회에 진출하면서 자신의 능력을 펼칠 기회를 임신과 육아로 잃고 싶지 않다는 마음이 강해졌기 때문이다. 물론 이 변화는 당연할 뿐만 아니라 바람직하다고도 생각한다.

오늘날 우수한 여성들은 일반 기업에서 공무원 사회까지 다양한 분야에 놀랄 만큼 많이 진출해 있다. '돈을 잘 버는 남자와 결혼해서 전업주부로 아이를 기르며 살고 싶다'고 말하는 여성은 이제 손으로 꼽을 정도다. 지성과 교양을 무기로 사회에서 높은 지위를 얻은 여성에게 이제 남자는 필요 없다. 예전에 결혼 적령기라고 불리던 24세는 이제 한창 일을 배울 중요한 시기가 되었다.

결혼 같은 건 꿈에서조차 생각하지 않는다. 요즘 여성들은 자기 분야에서 충분한 경력을 쌓고 확고한 지위에 오른 뒤에야 결혼을 생각한다.

여성의 선택을 받을 수 있는 남자로 키워라

자립한 여성은 '학벌 좋고 수입이 많은 안정된 직장에 다니는 남자'를 선택하지 않는다. 이제는 '결혼하면 전업주부로 가정을 지키겠다'고 생각하는 여성도 거의 없다. 능력 있는 여성은 결혼한 뒤에도 계속 일할 생각이기 때문에 남편의 경제력은 그다지 신경 쓰지 않는다.

앞에서도 이야기했지만 요즘 여자들은 '요리 잘하는 남자'를 이상형으로 꼽는다. 집안일은 기본이고, 아이가 생기면 기저귀 갈아주기에서부터 목욕, 보육원에 아이를 맡기고 데려오는 일까지 당연하게 받아들이는 남자가 아니면 결혼할 생각도 하지 않는다. 게다가 '말이 통하고 함께 있으면 즐거워야 한다'는 항목이 추가된 것만 봐도 사교성 또한 남자의 필수 조건이 되었음을 알 수 있다.

일류대를 나온 고위 공무원이나 의사라면 얼마든지 여자를 고를 수 있던 시대는 지나갔다. 이제는 여성이 남성을 선택하는 시대다. 아니, 남자도 필요 없다. 단지 우수한 유전자가 든 정자만 있으면 된다고 생각하는 여성이 등장할 날도 머지않았다.

여기에서 걱정해야 하는 것은 여러분의 아들들이다. 과연 잘나가는 여성이 여러분의 아들을 선택할 것인가? 여성은 정자만 손에 넣으면 자신의 유전자를 남길 수 있지만, 남성은 자신을 받아줄 여성 없이는 자신의 유전자를 남길 수 없다. 엄밀히 말하면 정자만 선택 받으면 자신의 유전자를 남길 수 있지만, 이는 엄청난 행운이 따라줘야 하는 일이다.

이성에게 인정받는 남자가 되기 위한 최소한의 조건

자신의 유전자를 남기지 못해도 상관없다고 생각하는 사람이 얼마나 될까? 세상에는 다양한 이유로 아이가 생기지 않아 오랜 불임 치료 끝에 아이를 단념한 사람도 많다. 그런 사람들의 '내 유전자를 다음 세대에 전할 수 없는 슬픔'을 생각하면 얼마나 가슴 아픈가. 그러나 이보다도 더 불행한 것은 아무런 문제가 없는데도 자신의 유전자를 받아줄 사람이 없어 후손을 남기지 못하는 것이다.

나를 닮은 아이를 낳는 것은 행복한 일이다. 아이를 못 낳는 사람은 대를 잇지 못하기 때문에 슬프고, 아이를 바라지 않는 사람은 자기 이외에 다른 사람을 사랑하지 못하기 때문에 불행하다. 여러분의 자녀는 유년 시절의 대부분을 공부하는 데

바친 대가로 일류대학이라는 간판을 얻을지 모른다. 그러나 아무리 자랑스러운 학벌을 지니고 고수입이 보장된 직장에 취직해도 유전자를 다음 세대에 물려주지 못하면 얼마나 슬플까.

나는 앞에서 여러 차례 '사내아이는 어렸을 때 충분히 놀고, 아름다움을 접하고, 풍부한 경험을 쌓으며, 많은 사람을 만나야 한다'고 말했다. 그리고 성장한 뒤에는 다양한 취미를 즐겨야 한다고 했다. 왜냐하면 그래야 여성에게 선택받을 확률이 높아져 대를 이을 수 있기 때문이다. 부디 무미건조한 주입식 교육으로 아들의 호기심과 감수성, 생명력을 빼앗아 후세를 남길 기회조차 얻지 못하는 남자로 만들지 않기를 바란다. 이것은 아이뿐만 아니라 여러분 자신의 문제이기도 하다.

미래의 이상적인 남성상은 '여성에게 배우잣감으로 인정받는 남자'이고, 이는 남자가 갖춰야 할 최소한의 조건이다. 성적이나 학벌이 아니라 아들을 실패하지 않고 잘 키우는 방법, 그것은 미래의 아버지상에 어울리는 남자로 기르는 것임을 잊지 말아야 한다.

사내아이가 씩씩하게 자라주기를 바라는 마음에서 이 책을 썼
습니다. 그러기 위해서는 '남자'를 재인식해야 한다는 사실을
전해야 했지요. 엄마가 이성(異性)인 아들을 키우기란 어려운
일입니다. 더구나 '외아들'일 때는 더더욱 그렇습니다.

　　남자의 가치는 '바보'나 '천재' 같은 기준으로 정할 수 없습
니다. 오로지 '잘한다'와 '못한다'로 결정됩니다. 모든 일의 기
본이 되는 이 능력은 시험 점수로는 따질 수 없습니다. 이것이
야말로 '고추의 힘'입니다.

　　고추의 힘을 끌어올리기 위한 조건으로 '경험에서 얻은 자
신감'을 빼놓을 수 없습니다. 더는 말하지 않겠습니다. 자세한

것은 지금까지 쓴 내용을 확인하기 바랍니다. 아울러 아들을 키우는 데 이 책이 많은 도움이 되기를 간절히 바랍니다.

이 책은 어렵게 쓴 제 문장을 다른 작가가 알기 쉽게 고쳐 쓰고, 다시 제가 다듬는 과정을 거쳐 만들었습니다. 좌충우돌 엄마 작가인 호타 야스코(堀田康子) 씨와 육아를 집중적으로 연구하고 있는 예비아빠이자 편집자인 다나카 도루(田中亨) 씨는 입시를 눈앞에 두고 너무 바쁘게 지내고 있는 저를 많이 배려해주었습니다. 각별히 감사하는 마음을 전합니다.

마츠나가 노부후미

이 책은 2007년에 발행되었습니다. 이미 많은 독자께서 읽어주신 이 책을 다시 한번 새로운 독자에게 전달할 기회를 얻어 저자로서 감회가 깊고 감사한 마음이 듭니다. 이 글을 쓰고 있을 때 한창 코로나바이러스가 유행했습니다. 학교, 도서관, 체육관 등 공공시설이 폐쇄되고 학원, 학교도 운영하지 않는 곳이 많아졌습니다.

그래서인지 집 안에서 가만히 있지 못한 아이들이 일제히 공원으로 나왔습니다. 평소 벤치에 노인이 앉아 있던 공원에 아이들이 우르르 몰려 나와 소리 높여 뛰어다니는 모습을 보니, 이것이 아이의 자연스러운 모습이라는 것을 실감하게 되고

저 또한 쾌활해졌습니다.

　하지만 사실 이들도 부모에게서 독립하여 자신의 호기심을 키우고 있지 못했습니다. 사실 아이들 뒤에는 엄마가 걱정스러운 눈빛으로 바라보고 있었습니다. 공원에 와서도 아이의 손을 놓지 못하는 모습도 종종 보였습니다. 이보다 심한 경우 실내에서 게임이나 스마트폰만 하도록 허락받은 아이들도 있을 거라고 생각하니 다소 복잡한 심경이 되었습니다.

　반면 저에게 찾아오는 아이들은 학교나 학원의 압박이 없기 때문인지, 아니면 수면시간이 충분하기 때문인지 다들 아주 건강하고 활기찬 모습이었습니다. '선생님 모닥불은 언제 또 피우나요?'라고 물어보기도 했습니다. 그러고 보니, 제가 맡은 학생들의 시험 결과가 전체적으로 좋았습니다.

　이는 평소에 자기 능력과 적성에 맞는 공부를 차근차근 수행하고 주말에는 자연으로 나들이를 가는 아이들이 대부분이었기 때문입니다. 이 아이들은 초등학교 6학년이 된 해 가을이 되어서야 중학교 입시를 시작했지만 좋은 중학교에 쉽게 입학했습니다.

　특히 명문 사립중학교, 사립고등학교에 집착하는 문화가 많이 사라졌습니다. 집 근처에 있는 일반적인 학교에 입학하더라도 부모의 교육법, 특히 모닥불 교육법 등의 힘으로 좋은 대학에 입학하는 아이가 많아졌습니다. 이는 아무래도 대학이 책을 읽고 스스로 사유하여 문장으로 만들 수 있는 인재를 강조하기 시작했기 때문이 아닐까 싶습니다.

마지막으로 오늘날 학생들에게 전하는 말로 이 책을 마무리하고자 합니다. '이 세상에서 유일무이한 정신과 육체를 부여받은 네가 해야 할 일은 최대한 인생을 즐기는 법을 찾는 것이다. 그러기 위해서는 제대로 무장해야 한다. 세상을 온몸으로 느끼고, 스스로 사유하고, 자신만의 문장으로 표현하는 힘을 기르는 것이 가장 중요하다'라고 말입니다.

마츠나가 노부후미

KI신서 11190

작은 소리로 아들을 위대하게 키우는 법 (개정증보판)

화내지 않고 우아하게 혼내는 훈육 기술

1판 1쇄 발행 2007년 2월 26일
3판 1쇄 인쇄 2024년 4월 15일
3판 1쇄 발행 2024년 5월 8일

지은이 마츠나가 노부후미
옮긴이 이수경
펴낸이 김영곤
펴낸곳 ㈜북이십일 21세기북스

인문기획팀장 양으녕　**책임편집** 서진교
디자인 STUDIO BEAR
출판마케팅영업본부장 한충희
마케팅2팀 나은경 정유진 백다희 이민재
영업팀 최명열 김다운 권채영 김도연
제작팀 이영민 권경민

출판등록 2000년 5월 6일 제406-2003-061호
주소 (10881) 경기도 파주시 회동길 201 (문발동)
대표전화 031-955-2100 **팩스** 031-955-2151 **이메일** book21@book21.co.kr

㈜북이십일 경계를 허무는 콘텐츠 리더

21세기북스 채널에서 도서 정보와 다양한 영상자료, 이벤트를 만나세요!
페이스북 facebook.com/jiinpill21　　포스트 post.naver.com/21c_editors
유튜브 youtube.com/book21pub　인스타그램 instagram.com/jiinpill21
홈페이지 www.book21.com

당신의 일상을 빛내줄 탐나는 탐구 생활 〈탐탐〉
21세기북스 채널에서 취미생활자들을 위한 유익한 정보를 만나보세요!

ⓒ 마츠나가 노부후미, 2023
ISBN 979-11-7117-145-3 03370